reinhardt

Alle Rechte vorbehalten
© 2022 Friedrich Reinhardt Verlag, Basel
Projektleiterin: Beatrice Rubin
Korrektorat: Daniel Lüthi
Gestaltung: Siri Dettwiler
ISBN 978-3-7245-2548-6

Der Friedrich Reinhardt Verlag wird vom Bundesamt
für Kultur mit einem Strukturbeitrag für die Jahre
2021–2024 unterstützt.

www.reinhardt.ch

Von Stein zu Stein
Grenzwandern in der Region Basel

Claudia Erismann
Werner Aebischer

Friedrich Reinhardt Verlag

Inhaltsverzeichnis

Vorwort   6

Übersichtskarte   7

Grenzen   8

Grenzsteine   9

Hinweise zu den Wanderungen   11

1 Grenzstadt Basel   14
Eine kontrastreiche Stadtwanderung am Rand von Basel
im Dreiländereck CH-D-F

2 An einer alten und bizarren Grenze   26
Durch die Lange Erlen und über den Schlipf an einer der
ältesten Grenzen Mitteleuropas

3 In der Eisernen Hand   38
Aussichtsreiche Berg- und Talwanderung mit grosser
Grenzstein-Vielfalt aus sechs Jahrhunderten

4 Über den Hausberg von Basel   48
Munteres Auf und Ab, zackiges Hin und Her,
eine Fülle historisch interessanter Grenzsteine

5 Aus der Stadt hinaus aufs Land   60
Wanderung durch drei Friedhöfe,
Aufstieg ins Sundgauer Hügelland mit schöner Aussicht

6 Entlang einer tanzenden Landesgrenze   70
Von Schönenbuch nach Biel-Benken:
Weiter Himmel und vielfältige Grenzsteine

7 Rund um den Benkenspitz   82
Hinauf zur alten Bistumsgrenze und hinüber
zur schmalsten Stelle der Schweiz

Inhaltsverzeichnis

8 Durchs Leimental zur Landskron — 94
Von Biel-Benken nach Flüh über den Landskronberg

9 Über den Geissberg — 104
Von Mariastein auf Grenzpfaden über Biederthal
nach Rodersdorf

10 Im Rodersdorfer Zipfel — 114
Rundwanderung mit mächtigen Bäumen,
schönem Wald und einer zauberhaften Lichtung

11 Vom Leimental ins Tal der Lucelle — 124
Gratwanderung über zwei Gipfel von Burg i.L.
nach Kleinlützel Chlösterli

12 Grenzschlängeln im Tal der Lucelle — 134
Von Kleinlützel nach Lucelle – mal weit oben auf dem
elsässischen Blauenberg, mal unten im schattigen Flusstal,
dazwischen auf der Löwenburg

Biografien — 146

Danksagung — 147

Bildnachweis — 148

Vorwort

Zuerst war da die Idee: Von der Haustüre aus an die Landesgrenze, um Schritt für Schritt, von Grenzstein zu Grenzstein, nach Genf zu wandern. In der Grenzstadt Basel sind wir schnell an der Landesgrenze. Die erste Überraschung: Die Landesgrenze ist keine mit einem Lineal gezogene Linie. Sie erinnert eher an den eleganten Bewegungsfluss einer Eiskunstläuferin. Gehen wir all diesen Schwüngen, Pirouetten und Sprüngen nach? Und wie bitte kommen wir auf diese Weise voran? Und es gibt oft keinen Weg direkt der Grenze entlang. Wir finden die ersten Grenzsteine, manchmal unter Dornen, nicht selten unzugänglich in einem Privatgarten oder einem Firmenareal, und – einmalig – mitten in einem Hühnerhof. Aber die meisten der 1600 Steine zwischen der Schweiz und Frankreich sind zugänglich. Was wir bisher nie getan haben, machen wir jetzt immer lieber: Wir sehen uns die Grenzsteine an. Sie überraschen durch ihre Vielfalt. Es gibt kaum zwei Gleiche. Zunehmend nehmen wir die Grenzsteine als vielseitige Steinpersönlichkeiten und Inspirationsobjekte wahr. Wir werden Grenzgängerin und Grenzgänger, kommen ins Fantasieren: Was wäre mit mir, wenn ich auf dieser anderen Seite leben würde? Oder in dieser anderen Zeit, dieser «Steinzeit» von 1817? Wir werden Grenzsteinbegeisterte. Mit unseren Bekannten und bei Zufallsbegegnungen schwärmen wir von Grenzsteinen. Dabei erleben wir unerwartete Resonanz. Ein Mann mit seinem Hund im Wald von Rodersdorf meint: «Oh, seit vielen Jahren bin ich an den Steinen vorbeigelaufen und habe nie auf sie geachtet.»
Basel, die Grenzstadt im Dreiländereck, mit vielfältigen Grenzsteinen vor der Haustüre. Folgen Sie den Spuren der Texte und Bilder dieser zwölf Grenzwanderungen und entdecken Sie auf Ihre ganz eigene Art die Inspirationskraft der Grenzsteine und Grenzgegenden.

Übersichtskarte

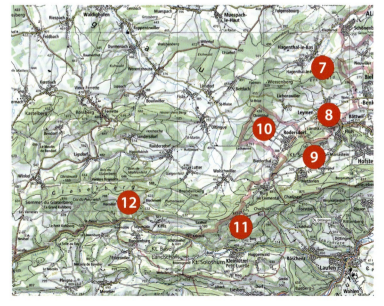

Grenzen

Das **Bundesamt für Landestopografie swisstopo** ist in Zusammenarbeit mit den betroffenen Nachbarländern und Kantonen für die rund 1935 km lange Aussengrenze der Schweiz zuständig. Die Rechtsgrundlagen für die Landesgrenze bilden Staatsverträge, die in der Systematischen Rechtssammlung des Bundes «Fedlex» zusammengestellt sind. Der Verlauf der Landesgrenze und der Kantonsgrenzen geht im Wesentlichen auf den **Wiener Kongress** (1814–1815) zurück. Er beendete eine über 20-jährige Periode der Revolutionskriege. Besonders viele Grenzsteine wurden darum in den Jahren 1815–1817 neu gesetzt oder mit neuer Jahreszahl versehen. Zu den Grenzen und Grenzmarkierungen informiert die Webseite von swisstopo.

Die Erforschung von Grenzen erfährt aktuell eine enorme Aufmerksamkeit. Diese beiden kostenlosen Publikationen – online zugänglich – vertiefen das Thema Grenzen:
Grenzen, Michael Hermann 2016, Publikationn 2210 der Vontobel-Stiftung.
Grenzforschung, hrsg. von Dominik Gerst u. a., 2021 Nomos Verlag.

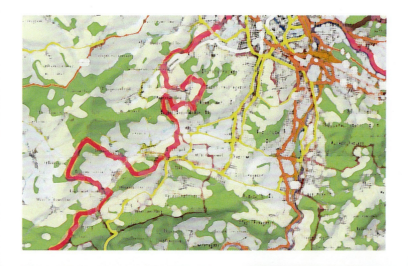

Grenzsteine

In den **12 Grenzwanderungen** können wir auf einer Strecke von rund 80 km über 500 Grenzsteinen begegnen (Zwischensteine nicht mitgezählt). Grenzsteine können als ermutigende Zeugen einer friedensfördernden Praxis gedeutet werden. Menschen mit unterschiedlichen Besitzansprüchen konnten sich einigen und einen gemeinsamen Grenzverlauf einvernehmlich festlegen (es wird keine Berliner Mauer mit Todesstreifen gebaut). Nach einer Grenzsteinsetzung feierten die Beteiligten der beiden Länder – so die alten Protokolle – die gefundene, gemeinsame Grenze mit einem üppigen Festessen.

Die **Landesgrenzsteine** sind fortlaufend nummeriert. Jeder Kanton beginnt mit einer eigenen Nummer 1. Was einfach klingt, ist im Feld manchmal verwirrend. Für Basel-Stadt und Baselland gilt: Die durchgehende Nummerierung der Landesgrenzsteine wurde nach der Kantonstrennung von 1833 beibehalten. Es gibt aber trotzdem einen Grenzstein Nummer 1 des Kantons Baselland; er steht in Burg im Leimental. Es gibt auch Steine mit zwei oder drei Nummern. Manchmal wurde die Richtung der Nummerierung geändert, oder ein Grenzstein zeigt die letzte Nummer eines Kantons und die erste des nächsten an. Zusätzliche Nummern können für Gemeinde- oder Waldparzellengrenzen stehen.

Zwischensteine (oft nachträglich gesetzte Steine) tragen die Nummer des vorangehenden Hauptsteins und werden beispielsweise als 12a oder 12/1 bezeichnet.

Die **Jahreszahl** auf einem Grenzstein gibt an, in welchem Jahr der Stein gesetzt, neu bestätigt oder ersetzt wurde. Die ältesten Grenzsteine, denen wir in unseren Wanderungen begegnen, sind aus dem Jahr 1488 (Grenzsteine 12 und 14, Wanderung 2).

Besonders praktisch für die Orientierung im Gelände sind die Kerben auf der Oberseite eines Steines, die sogenannte **Weisung,** die den Grenzverlauf zu den beiden benachbarten Steinen zeigen.

Die Steine sind aus **unterschiedlichen Steinsorten** gemacht. Die ältesten Steine in der Region Basel waren in der Regel aus Sandstein, später folgte dann Kalk und im 20. Jahrhundert Granit.

Immer wieder begeistern uns die **Steinformen:** schlank, elegant, bullig, abgerundet oder eckig. Die Steine geben Atmosphäre und Stil ihrer Entstehungszeit recht gut wieder. Im 20. Jahrhundert werden die Grenzsteine «industrieller» und schwerer: 500 bis 800 Kilogramm. Auf der **Schweizerseite** der Steine sehen wir meistens die **Kantonswappen.** Zwar wird die Landesgrenze markiert, die Kantone aber bleiben wichtig.

Es gibt **Baselstäbe** in vielen Varianten. Bis zur Kantonstrennung von Basel-Stadt und Basselland war die Ausrichtung des Baselstabes noch nicht genormt. Bei den älteren Grenzsteinen finden sich deshalb beide Ausrichtungen. Rechtsgerichtete Baselstäbe sind aber eher selten.

Ab und zu finden sich **Bischofssteine** mit dem Wappen eines Fürstbischofs (z. B. Wanderung 7). Das Fürstbistum Basel war ab dem Jahr 1000 während rund 800 Jahren ein wichtiger Player in der Region. Nach dem Wiener Kongress wird das Fürstbistum Basel (in etwa das Birstal und der Kanton Jura) Teil der Schweiz.

Auf der **deutschen Seite** sehen wir oft die Wappen der badischen Herzöge oder adliger Familien wie die Saufeder (die Spitze einer Waffe zur Wildschweinjagd) der Reich von Reichenstein.

Auf der **französisch-elsässischen Seite** finden wir meistens ein F. Die Lilien des Königreichs Frankreich wurden nach der Französischen Revolution überschrieben. Im Elsass wurden die Steine mehrfach umgearbeitet: von F zu D zu F zu D zu F! Das F ist bei manchen Steinen daher in einer deutlichen Vertiefung.

Für **Recherchen zur Geschichte** – wir fanden sie oft verwickelt – empfehlen wir das Historische Lexikon der Schweiz (online: hls-dhs-dss.ch).

Hinweise zu den Wanderungen

An- und Rückreise: Alle Wanderungen sind mit den öffentlichen Verkehrsmitteln machbar und mit einer Ausnahme – Rückreise Wanderung 12 – im Gültigkeitsbereich des U-Abos.

Digitale Karten von SchweizMobil: map.wanderland.ch (auch als Handy-App verfügbar). Kartenausschnitte für Offline-Betrieb können heruntergeladen werden.

Landeskarten auf Papier: Am besten eignet sich die Kartzusammensetzung 2505 «Basel und Umgebung» (für die meisten Wanderungen). Leider wird diese Karte nicht mehr herausgegeben (die letzte Ausgabe erschien 2003). Die anderen Kartenblätter sind bei jeder Wanderung angegeben.

Gültige Ausweispapiere müssen mitgeführt werden, denn alle Wanderungen schlängeln sich der Landesgrenze entlang.

Die **Wanderdistanzen** liegen zwischen 8 und 17 km (2.5–5.5 Std.). Die **Wanderzeiten** sind so berechnet, dass für die Betrachtung einzelner Steine am Weg und empfohlene Abstecher genügend Zeit bleibt. Für Pausen und fürs Picknick muss zusätzliche Zeit eingerechnet werden.

Nicht immer folgen **unsere Routen** ausgeschilderten und markierten Wanderwegen. Wir versuchen, dem Grenzverlauf, den Grenzsteinen, möglichst direkt nachzugehen. Manchmal bewegen wir uns auf Pfaden, die auf keiner Karte verzeichnet sind, manchmal gehen wir frei durchs Gelände. Und wie immer muss bei temporären Hindernissen (z. B. Weidezäune, umgestürzte Bäume) improvisiert werden. Gutes Schuhwerk und lange Hosen sind oft von Vorteil.

Wir versuchen, so viele **Grenzsteine** wie möglich zu entdecken. Prinzipiell gilt: In der vegetationsarmen Jahreszeit (Oktober–März) ist die Jagd erfolgreicher! Wenn Steine auf Privatgelände stehen, respektieren wir dies immer.

Nicht auf allen Wanderungen gibt es gleich viele Grenzsteine zu sehen – vor allem im städtischen Raum wurden sie oft durch andere Markierungen ersetzt (meist kleine Metallmarken im Boden). Bei grenzsteinreichen Wanderungen werden nicht alle Steine im Text erwähnt. Dies aus Platzgründen, nicht weil wir sie übersehen haben.

Auf den kleinen **Kartenausschnitten** am Anfang der Wanderbeschreibungen haben wir zur besseren Orientierung eine Auswahl an Grenzsteinen oder besondere Orte eingezeichnet. Mit dem unten stehenden QR-Code können die Karten der einzelnen Wanderungen als PDF heruntergeladen werden.

Grenzstadt Basel

Eine kontrastreiche Stadtwanderung am Rand
von Basel im Dreiländereck CH-D-F

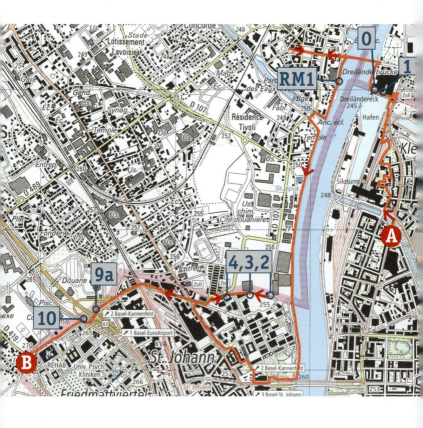

Anreise: Tram 8 Richtung Kleinhüningen resp. Weil am Rhein, bis Haltestelle «Kleinhüningen»

Distanz: 10 km, ↑130 m ↓110 m

Dauer: 2 h 30 min

Karte: LK 1:25 000, Blatt 1047 Basel oder Stadtplan von Basel

Rückreise: Tram 3 Richtung Birsfelden Hard bis Haltestelle «Bankverein», Tram 8, 10 oder 11 zum Bahnhof SBB

Bemerkungen: Eine Stadtwanderung auf Asphalt. Sehr sonnig, wenig Schatten, gut im Herbst/Winter/Frühling. Empfehlenswert an Wochenenden oder Feiertagen (weniger Lastwagen und Autoverkehr, weniger Lärm).

Einkehren: Basel und Huningue

Durch Kleinhüningen ins Hafenareal

Unsere Stadtwanderung beginnt mit einem «Dorfrundgang». Wir überqueren den Fluss Wiese, gehen nach links und beim Kreisel vor dem Restaurant «Schiff» nach rechts in die Dorfstrasse. Kleinhüningen, einst ein Fischer- und Bauerndorf, gegenüber von Grosshüningen, heute Huningue. Es wurde 1908 im Vorfeld des Hafenausbaus von der Stadt Basel eingemeindet, was vielen Dorfbewohner*innen gar nicht gefiel («'s het kai Dorf in dr Schwiz so liederlig ab dr Wält miesse als Glaihinige». Zitat von M. Raith im Jahrbuch z'Rieche von 2005). Wir kommen vorbei am Pfarrhaus, in dem der Psychoanalytiker C.G. Jung aufwuchs (Hausnummer 19).

Der Hafenausbau in den 1920er-Jahren veränderte alles. Von der ehemaligen Bebauung sind nur wenige Häuser rund um die Dorfkirche erhalten geblieben. Wir gehen schräg über die kleine Grünanlage und dort nach links in die Schulgasse. Der Blick öffnet sich zum riesigen Speichersilo der Firma Rhenus, davor eines der alten kleinen Fischerhäuser an der Schulgasse 16. Welch ein Kontrast! Am Ende der Strasse biegen wir rechts ab, vorbei an dem Häuschen und dem Garten und gehen wieder rechts in die Friedhofsgasse (Fussweg) bis zur Dorfkirche (linker Hand). In der Aussenmauer (Nordseite oben, linke Seitenwand der Kirche vom Haupteingang aus) wurden als Erinnerung an einen Beschuss durch die Festung Hüningen (1814) einige Kanonenkugeln in die Fassade eingemauert – mehr Dekoration als furchteinflössende Kugeln! Wir kehren zurück auf die Dorfstrasse und biegen an ihrem Ende links in die Bonergasse ein. An der Hausnummer 71 im Garten der Villa Clavel (heute Academia International School) steht Bürgins Fischerhaus, eines der ältesten Fischerhäuser in Kleinhüningen. Es wurde 1765 erbaut und stand bis 1999, am Schluss als verlotterte Hütte, an der Schulgasse 27. Engagierte Bürger*innen von Kleinhüningen retteten es durch die Finanzierung eines «Umzugs» in die

Blick zur Dreiländerbrücke

Bonergasse. Heute kann man es – sehr schön restauriert – für private Anlässe mieten. Am Ende der Gasse halten wir uns rechts und folgen den Geleisen des Hafenareals. Wir überqueren diese nach links, gehen hinüber zum Gebäude mit der Aufschrift «Ostquai», dann rechts bis zum Ende der Strasse, die zu einem schmalen Fussweg wird (bei den rosa Garagen), der uns zur Einfahrt ins Hafenbecken 2 bringt. In der Nähe befindet sich eines der aussergewöhnlichsten Restaurants von Basel, «Zum rostigen Anker». Wer hier im Sommer am Hafenbecken sitzt, spürt vielleicht etwas vom «Tor zu den Weltmeeren». Wir überqueren die metallene Fussgängerbrücke über die Einfahrt ins Hafenbecken 2. Auf der anderen Seite traversieren wir den Platz und steigen rechts hinauf zum Zollamt Weil am Rhein.

Kontraste in Kleinhüningen

Zum Nachbarn Deutschland

Direkt nach dem Zoll und der Tramhaltestelle (bereits auf deutschem Boden) biegen wir links ab auf den Parkplatz des Rheincenters und wenden uns nach links, dann rechts um das Parkhaus herum. Die in gerader Linie stehenden Pappeln zeigen den Grenzverlauf an. Bei einer Mauer mit der Aufschrift «Glashaus» führt ein schmaler Fussweg zum Rhein. Hier treffen wir auf den ersten der wenigen Landesgrenzsteine des heutigen Tages: den Stein mit der Nummer 1! Es ist ein sehr gut erhaltener Sandstein, datiert 1817, der das Wappen von Baden zeigt. Die Besichtigung der Rückseite wird leider durch einen Gitterzaun verhindert (es wäre ein schwarzer Baselstab auf weissem Grund).

Im Rheinbord (auf Schweizer Seite, unzugänglich hinter dem Zaun auf dem Areal des Ruderclubs Schleppi, aber gut erkennbar) befindet sich eine Grenzsteinplatte mit der Nummer 0. Hier begann die erste Längenvermessung des Rheins Richtung Rotterdam, die 1863/67 durchgeführt wurde.

Landesgrenze 0-Marke CH-D

Wir gehen nun nach rechts, direkt am Rhein entlang bis zur Dreiländerbrücke, die 2007 eröffnet wurde und mit 248 m die längste freitragende Fussgänger- und Velobrücke der Welt ist. Sie verbindet Weil am Rhein mit Huningue, wohin wir uns jetzt wenden. Wir geniessen den Bummel übers Wasser des Rheins und die Weite, die sich vor uns auftut. Von der Brückenmitte schauen wir Richtung Basel zum Dreiländereck. Die Grenze zwischen der Schweiz, Deutschland und Frankreich verläuft in der Mitte des Rheins. Am anderen Ufer erstreckt sich rechter Hand das Bauprojekt «Les Jetées», das mit futuristischer Architektur Wohn- und Arbeitsraum für einige Hundert Menschen schaffen soll.

Nachbar Frankreich

Wir empfehlen einen Abstecher ins Dorf Huningue. Der Place Abbatucci ist das Zentrum der ehemaligen Festung von Hüningen. Der Obelisk in der Platzmitte erinnert an General Abatucci, der 1796 bei der Verteidigung der Festung sein Leben verlor. Die alte Garnisonskirche am Ende des Platzes blieb erhalten. Rund um den Platz gibt es zahlreiche Restaurants und Cafés. Wer ein paar Schritte weiter zur katholischen Kirche geht, kann noch die alten, sternförmigen Strassenverläufe der Festung erkennen.

Über den Rhein nach Huningue

Zurück am Rhein bummeln wir flussaufwärts der Uferpromenade entlang. Nach knapp 100 Metern taucht ein grosser Stein mit der Bezeichnung «RM 1» auf. Diese Rheinmarken (oder Rückmarksteine) wurden anfangs des 19. Jahrhunderts zu beiden Seiten gesetzt anstelle der älteren Grenzmarkierungen, die immer wieder vom Hochwasser überschwemmt und fortgespült wurden. Seit Abschluss der Rheinkorrektur von Tulla 1876 verläuft die Grenze genau in der Mitte des nun kanalisierten Flusses. Interessant ist, dass dieser «Grenzstein» die Grenze zwischen der Schweiz und Deutschland anzeigt, aber auf französischem Boden steht.

Der Rheinuferweg ist zugleich ein Teil des «Sentier des poètes des trois pays». Auf zahlreichen Tafeln finden wir Gedichte von Mundartdichtern der drei Länder. Wer sie lesen will, bleibt auf dem oberen Weg. Wir überqueren den «Canal de Huningue», der 1828 als Verbindung vom Rhein zum Rhein-Rhône-Kanal gebaut wurde. Heute ist er für die Schifffahrt unnötig, seine Schleusen sind stillgelegt und in Hüningen wurde er zu einem Wildwasserpark umgestaltet. Ausserdem wird er zur Energieerzeugung genutzt. Das nun folgende Wegstück des Trinationalen

Statt Kanonenkugeln eine elegante Brücke über den Rhein!

Ein Lörracher Arzt schildert in seinen Lebenserinnerungen (1815–1875) den Beschuss von Basel aus der Festung Hüningen heraus als eine eher amüsante Episode. Immer, wenn den Belagerten Brot, Wein oder sonst etwas Lebensnotwendiges ausging, gaben sie einige gezielte Kanonenschüsse Richtung Basel ab, worauf Basler Unterhändler in anschliessenden Feuerpausen in Hüningen anfragten, an was es denn fehle und in der Folge das Geforderte lieferten. Wo früher Kanonenkugeln flogen, wächst die Region heute zusammen. Viele Menschen und Institutionen engagieren sich für eine gemeinsame Zukunft. Das scheint einfacher, als es ist. Landesgrenzüberschreitende Projekte müssen oft auch in Paris, Berlin und Bern – weit weg von den Grenzen – bewilligt werden.

Rheinmarke 1 und Blick aufs Kleinbasler Ufer

Rheinuferwegs wurde im Jahr 2016 nach der Sanierung der Lindan-Deponie für Fussgänger*innen und Velos zugänglich gemacht.

Basel West

Wir erreichen wieder die Landesgrenze Schweiz-Frankreich, die hier nach rechts abbiegt. Der Landesgrenzstein 1 CH-F wurde vom Rheinufer in den Novartis Campus versetzt. Da wir der Grenze nicht weiter folgen können, müssen wir einen beträchtlichen Umweg um den Campus herum machen.

Weiter geht es dem Rhein entlang bis zur Dreirosenbrücke. Das Rheinufer wurde hier mit Kalksteinen aufwendig gestaltet. Auf der anderen Rheinseite erstrecken sich die Industriebauten von Kleinbasel – ein Mix von Alt und Neu. Kurz vor der Brücke steigen wir die breite Treppe rechts hinauf. Der St. Johanns-

«Wonderwall» als Arealgrenze

Hafen-Weg führt uns auf die Voltastrasse, der wir ein Stück folgen. Nach dem «Volta-Bräu» biegen wir rechts ab und gehen entlang der Grünanlage, der Voltamatte. Dann biegen wir links ab und gleich wieder rechts in die Kraftstrasse, die uns zurück zur Umzäunung des Novartis Campus bringt. Hier gestaltete der Künstler Alan Fletcher 2008 die «Wonderwall», eine spielerische, farbenfrohe Arealgrenze mit mehr als 1000 unterschiedlichen Motiven. Wer, wie wir jetzt, um den Campus herumspaziert, soll von den Motiven dieser «Wonderwall» fantasievoll zu eigenen Gedankengängen inspiriert werden. Wir umrunden fast das ganze umzäunte Firmenareal. Ab Herbst 2022 soll der Novartis Campus für

Lindan – Giftmüll vor den Toren Basels

Bei der Produktion einer Tonne Lindan – ein hoch wirksames Pestizid – fallen sieben Tonnen giftige Nebenprodukte an, die vor dem Produktionsgebäude zu weissen Bergen aufgeschüttet, in nahen Gruben deponiert oder mit Beton vermischt den Bauern in der Region als Belag für die Feldwege verschenkt wurden. 2012 wurde mit der Sanierung des Firmenareals begonnen. Es war schlimmer verseucht als vermutet, die «Wiedergutmachung» dauerte viel länger, war weitaus schwieriger und teurer als geplant. Wer den Geschichten mit dem Lindan nachgeht, Schritt für Schritt, Link für Link, wer «denken geht», wird betroffen. Das Bewusstsein, die Einsicht wächst: Es gibt keine einfachen Lösungen für Begrenzte an den «Grenzen des Wachstums».

die Öffentlichkeit frei zugänglich sein.

Wir gehen nun ein Stück entlang der Voltastrasse, immer dem Novartis-Grenzzaun entlang bis zur Tramendstation der Linie 11. Auf der anderen Strassenseite befindet sich das Lysbüchel-Areal, eines der grossen Transformations- und Stadtentwicklungsareale in Basel.

Wer weitere Grenzsteine entdecken möchte, kann bei der Tramschlaufe einen Abstecher machen (am Wochenende fast verkehrsfrei). Bei der Firma BELL rechts Richtung Hüningen gehen, beim Kreisel dann rechts dem alten Bahngeleise entlang in eine Zufahrt zum Novartis-Areal. So erreicht man die Grenzsteine 4, 3 und 2 und den Zaun, der uns vom Stein 1 (im Sommer nicht zu sehen) trennt. Der Stein 3 ist noch ein alter Sandstein, die anderen beiden sind Steine aus dem 20. Jahrhundert. Auf einem spitzwinkligen, dreieckigen Bauplatz, hart an der französischen Grenze, hat der japanische Künstler-Architekt Tadao Ando ein

Grenzstein 4 CH-F

Am Rand der Stadt

leuchtend-leichtes Forschungsgebäude geschaffen. Die Verwandlung der alten, dreckigen Chemie-Industrie zu den Life Sciences steht vor Augen. Die forschenden Menschen in diesem Laborgebäude können inspirierende, grenzüberschreitende Ausblicke in die Weite geniessen.

Nach dem Abstecher gehen wir den gleichen Weg zurück zur Tramschlaufe und folgen nun der Schlachthofstrasse Richtung «EuroAirport». Die Grenzsteine 5–9 sind nicht mehr vorhanden (durch Metallmarken im Boden ersetzt) oder nicht zugänglich. Das folgende Wegstück ist an Wochenenden erträglich, wenn auch nicht sehr ansprechend. Wir sinnieren über die «Ränder der Stadt» und was sich dort so alles befindet: Schlachthof, chemische Industrie, Kehrrichtverbrennungsanlage, Recyclingpark. Alles Betriebe, für die es im Zentrum der Stadt keinen Platz gibt. Und bald werden wir noch am Areal der Psychiatrischen Universitätsklinik vorbeikommen, früher die Friedmatt, das «Irrenhaus» auf der friedlichen Matte von Basel.

Nun geht es unter den Bahngeleisen hindurch. Nach ca. 200 m, unmittelbar vor der Brücke über die Autobahn, steht rechts am Weg hinter dem Zaun der Grenzstein 9a. Wir überqueren die Autobahn auf dem rechten Trottoir, halten uns beim

Grenzstein F-CH 10

Kreisel rechts und kommen beim Schild «Landesgrenze» zum Grenzstein 10. Dieser Stein von 1816 mit einem netten kleinen eingravierten Baselstab ist recht gut erhalten. Wir versuchen uns vorzustellen, wie es wohl vor 200 Jahren hier ausgesehen haben könnte!

Wir überqueren die Strasse zu dem kleinen Fuss- und Veloweg gegenüber, links am Zaun ein Wegweiser «Burgfelden-Park», und gehen entlang des Areals der Universitären Psychiatrischen Kliniken und der REHAB. Wir passieren die Grenzsteine 10A und 10B, gehen weiter geradeaus und erreichen kurz darauf die Tramschlaufe der Linie 3, die Haltestelle «Burgfelderhof». Der Grenzstein 11, der hier stehen müsste, wurde bei den Umbauarbeiten durch eine Metallmarke im Boden ersetzt (wer suchen mag, findet!). Die Landesgrenze ist durch eine Pflasterstein-Reihe dargestellt, die sich hinter dem Zollgebäude als Mauer bis zum Veloständer fortsetzt. Hier beenden wir unsere heutige Grenzerkundung und besteigen das Tram Richtung Stadtzentrum.

«Grenzstein 11» –
eine Metallmarke im Boden

Der ehemalige Hafen St. Johann …
… wird zur Promenade zwischen Basel und Huningue.

An einer alten und bizarren Grenze

Durch die Lange Erlen und über den Schlipf
an einer der ältesten Grenzen Mitteleuropas

Anreise: S6 Richtung Zell im Wiesental oder Tram 2 Richtung Eglisee oder Bus 30 bis Haltestelle «Badischer Bahnhof», dann Bus 36 oder 46 Richtung Kleinhüningen bis Haltestelle «Lange Erlen» (Hinweis: Nur jeder zweite 36er fährt in die Lange Erlen).

Distanz: 9 km, ↑180 m ↓160 m

Dauer: 2 h 30 min

Karte: LK 1:25 000, Blatt 1047 Basel oder Stadtplan von Basel

Rückreise: Tram 6 Richtung Allschwil Dorf bis Haltestelle «Messeplatz», dann Tram 2 Richtung Binningen bis Bahnhof SBB

Bemerkungen: Pfade teilweise nicht auf der Landeskarte eingezeichnet. In den Reben des Schlipf kann es im Sommer sehr heiss werden.

Einkehren: Riehen (keine Verpflegungsmöglichkeiten unterwegs)

Ein tierischer Anfang

Von der Bushaltestelle überqueren wir die Strasse und gehen durch die Unterführung Richtung Tierpark Lange Erlen. Beim Basilisken folgen wir der Wanderwegmarkierung, biegen links ab und gehen bis zum Fluss Wiese, dann an der Wiesendamm-Promenade entlang, unter drei Brücken hindurch, rechts über den Freiburgersteg ans andere Ufer. Jetzt folgen wir dem Dammweg nach rechts und spazieren mit dem Rauschen des Wassers im Ohr flussaufwärts. Nach ca. 400 Metern, beim ersten breiten Weg, der nach links führt, biegen wir ab (bei der Treppe, die zur Wiese hinunterführt). Wir folgen diesem Weg geradeaus bis zum Waldrand, überqueren den kleinen Bach und befinden uns auf freiem Feld an der Landesgrenze. Links sehen wir das Gefängnis Bässlergut, umgeben von hohen Mauern und Stacheldraht.

Zu den ersten Grenzsteinen

Wir gehen nach rechts, auf einem Trampelpfad am Waldrand entlang und sehen schon den ersten Landesgrenzstein dieser Wanderung, die Nummer 10. Er steht mitten im

Der Basilisk, Hüter des Baselstabes

Acker, weshalb wir auf eine nähere Betrachtung verzichten. Am Stein 11 kommen wir direkt vorbei. Der mächtige Kalkstein zeigt einen schwarz eingefärbten Baselstab. Die Jahreszahl 1893 wird als Gründungsjahr des «FC Basel 1893» verehrt. Auf der deutschen Seite steht «GB», die Abkürzung für das Grossherzogtum Baden.

Wir folgen dem Grenzverlauf und erreichen einen Bahndamm. In einer kahlen Beton-Nische steht versteckt der historische Stein 12. Sowohl der Baselstab als auch das Wappen von Baden (das uns ab jetzt noch häufig begegnen wird) sind sehr schön eingefärbt. Diese Steinpersönlichkeit steht seit 1488 hier, heute leider unwürdig und verdreckt und nur noch zur Hälfte sichtbar. Er ist einer von vier noch existierenden Markgrafen-Steinen aus dem 15. Jahrhundert (ein weiterer ist die Nummer 14, die bald folgt) und hätte mehr Respekt verdient. Der Titel «Markgraf» erinnert an das Markgräflerland, das Oberrheingebiet bis

An einer alten und bizarren Grenze

Grenzstein 11 am
Rande der Langen Erlen

etwa Freiburg im Breisgau. Markgrafen regierten einst als Beauftragte des Königs die Marken, die Gebiete an den Grenzen des Reichs.
Wir empfehlen hier auf den Bahndamm hinaufzusteigen. Die Bahnstrecke ist schon lange stillgelegt und der Anblick der zugewachsenen Bahngeleise ist eindrücklich. Bequemer geht es durch die Unterführung. Auf der anderen Seite des Bahndamms steht ein Stück links des Weges (gleich hinter den Reckstangen des Vita-Parcours) der kleine, recht unscheinbare Grenzstein 12a, ein Zwischenstein, der 1930 gesetzt wurde. Wir gehen zurück auf den Weg und folgen diesem weiter der Grenze entlang. Die nächsten Grenzsteine stehen linker Hand im Wald,

Ressourcen und ein Grenzverlauf für die Stadt

Auf der rechten Seite des Rheins (in Fliessrichtung) ist selten Schweiz zu finden. Der Rhein begrenzt. Und doch will und muss Basel über den Rhein. Die Stadt braucht das Land: Umland, Wald (Bauholz, Brennholz), Steine für den Häuserbau, Weiden für die Tiere, die die Städter mit Fleisch versorgen, Getreide, Gemüse und Wein. Riehen war bis Mitte des 19. Jh. ein Bauern- und Winzerdorf. Basel besorgt sich – wann immer es geht und günstig ist – Grundbesitz jenseits des Rheins. Ein komplizierter Grenzverlauf wächst so über die Jahrhunderte, wie eine Hand mit ausgestrecktem Zeigefinger, die ins Badische hineingreift. Oder wie eine Wurzel, die Nährstoffe saugt und sie in die Stadt hineinleitet.

Grenzstein 12 am Bahndamm

sind aber leicht zugänglich und vom Weg aus gut sichtbar. Vorbei am Stein 13 kommen wir zur Nummer 14, ebenfalls aus dem Jahr 1488, dem zweiten Markgrafenstein dieser Wanderung. Er trägt einen sehr schönen Baselstab und auf deutscher Seite über dem badischen Wappen die Inschrift «banstein» (Bann = Grenze). Der Weg führt bald nach rechts, wir aber bleiben auf dem Pfad links des Bachs (bei den Ringen des Vita-Parcours), der parallel zum breiten Weg auf der anderen Seite verläuft. Vorbei an einer mächtigen alten Eiche finden wir den nächsten Stein 15, etwas versteckt hinter einer Ruhebank. Zurück am Wiesendamm biegen wir links ab und wählen den Weg, der links vom Damm in den Wald hineinführt. Nach ein paar Schritten steht links unterhalb des Weges der Grenzstein 16, schon halb im Boden versunken. Auf der anderen Seite des Weges taucht ein Betonwürfel mit der Inschrift «Datteri» (bezeichnet im alemannischen Dialekt einen älteren, schon etwas zittrigen Mann) auf. Wir werden weiteren grenzüberschreitenden und sprachverbindenden Steinen begegnen: Witzige, oft freche alemannische Ausdrücke, gebräuchlich für Menschen diesseits und jenseits der Grenze.

Der nächste Grenzstein 17 ist stark verwittert – weder Baselstab noch

Die Wiese vor der Eindämmung

Lohenstein an der Wiese

badisches Wappen sind erkennbar. Nach dem Grenzstein 18, der fast ganz im Boden verschwunden ist, befindet sich am anderen Ufer das kleine Restaurant «Schliessi». Leider gibt es keine Brücke, die uns den Zugang direkt ermöglichen würde.

Abstecher zu einem besonderen Stein

Weiter geht es zum Stein 19, ein Sandstein aus dem Jahr 1840, der etwas abseits links des Weges steht (da, wo der Weg eine Rechtskurve macht). Hier machen wir einen **Abstecher** zu einer Besonderheit in der Wiese-Ebene. Ab dem 17. Jh. verlief die Grenze in der Mitte des Flussbetts und war mit Eichenpfählen markiert. Weil bei Hochwasser oft alle Markierungen weggespült wurden und die Wiese manchmal ihren Lauf änderte, setzte man 200 Meter vom Fluss entfernt zu beiden Seiten in der Ebene sogenannte Lohensteine, die das Hauptüberschwemmungsgebiet eingrenzten und so die «imaginäre» Grenze unabhängig vom jeweiligen Flusslauf festlegten. Nur wenige dieser Lohensteine sind erhalten: Ein Beispiel steht rund 150 Meter von Grenzstein 19 entfernt. Wir folgen dem Pfad nach links bis zu einer Gruppe kleiner Eichen. Hier finden wir den **Lohenstein 4** von 1764, der zugleich die Nummer 19 zeigt.

Mäandernde Grenze

Wir gehen den gleichen Weg zurück, biegen beim Stein 19 nach links auf einen schmalen Trampelpfad ein (parallel zum Hauptweg) und setzen unsere Grenzsteinentdeckungen fort. Der nächste Grenzstein ist jüngeren Datums und trägt die Nummer 1. Er markiert die Gemeindegrenze zwischen Basel und Riehen, zeigt mit der Kerbe oben auf dem Stein (der Weisung) aber auch den Grenzverlauf der Landesgrenze an. Gleich darauf bewundern wir den Stein 20, ein gepflegter Sandstein von 1840. Vorbei am eher unscheinbaren Stein 21 (der von einem zusätzlichen Vermessungsstein begleitet wird), kommen wir zurück auf den breiten Weg und gleich darauf zum Grenzstein 22, der links unterhalb des Weges im Gras steht. An ihn angelehnt steht ein zweiter Stein – die beiden sehen aus wie ein verliebtes Grenzsteinpaar! Der Stein ist auch sonst sehr speziell: er zeigt das Wappen von Baden, den Baselstab und das Wappen von Riehen. Wir spazieren weiter geradeaus, jetzt auf dem Wiesendamm. Der Stein 23 ist nicht zugänglich – er steht links unterhalb des Weges mitten in einem Privatgarten (vom Weg aus sichtbar). Hier verlässt die Grenze den Fluss und es gibt keinen Weg entlang der Grenze für uns.

Landes- und Gemeindegrenze – anlehnungsbedürftig

Wir gehen deshalb weiter auf dem Wiesendamm bis zum Erlensteg. Hier biegen wir links ab in die Freizeitgartensiedlung, bei der ersten Möglichkeit, nach ca. 70 Metern, wieder links. Der Weg führt in einem Bogen bis zum Werkhof von Riehen. Kurz davor steht links der Grenzstein 26. Die Steine 24 und 25 sind schlecht zugänglich. Deshalb kehren wir hier um und kommen zu einer Schafweide (linker Hand). Wir gehen nicht zurück zur Wiese, sondern auf einem Pfad zwischen Schafweide und einem Gartenzaun geradeaus zum Grenzstein 27. Wir überqueren den asphaltierten Weg und gehen weiter geradeaus. Den Stein 28 finden wir nicht. Wir folgen dem Bachlauf bis zur Nummer 29 von 1818. Dieser und viele der folgenden Steine von 1818 sind sorgfältig restauriert worden. Nun geht es weiter, wenig romantisch zwischen Freizeitgärten und Zollfreistrasse. Wir folgen einem Trampelpfad bis zum Stein 30.

Hier steigen wir rechts hinunter auf einen Fahrweg, der parallel zur Strasse verläuft. Dieser mündet in einen Feldweg, der in einem Bogen und über ein Bächlein wieder zurück zur Landesgrenze führt. Der Stein 31 steht linker Hand am Strassenbord und ist nur in der vegetationsarmen Jahreszeit sichtbar und zugänglich. Wir kommen an Stein 32 vorbei. Nun verschwindet die Strasse im Wiesentunnel. Direkt oben auf dem Tunnelportal steht der Grenzstein 33, ein Dreieckstein von 1762, mit dem Wappen von Baden mit einem selten zu sehenden doppelten roten Querbalken und zwei hübschen Baselstäben. Beim Bau des Wiesentunnels im Januar 2010 wurde der über eine halbe Tonne wiegende Stein enthoben, restauriert und an der gleichen Stelle auf ein neues Fundament ge-

G.L = Grenz- und Lohenstein 30

setzt. Die Weisung zeigt, wie die Grenze ab hier gerade den Hügel hinaufführt.

Den Rebberg Schlipf hinauf und wieder hinunter

Wir müssen einen Umweg machen, gehen nach links, vorbei an einer futuristisch anmutenden Lagerhalle, gleich darauf rechts über den Mühlenbach und wieder rechts der Wanderwegmarkierung folgend bis hinauf zum Zoll. Zwischen dem deutschen und dem Schweizer Zoll steht vor einem Wohnhaus der Grenzstein 33a.

Wir passieren den Schweizer Zoll, biegen bei der ersten Gelegenheit links ab in den Ritterweg, überqueren den Bach, biegen wieder links ab, gehen ein paar Schritte dem Bach entlang und steigen die Treppe hinauf durch die Reben des Schlipfs. Am Ende der Treppe gehen wir nach links zurück zur Landesgrenze. Der Grenzstein 34 steht etwas versteckt, gleich nach dem Schild der Landesgrenze, rechts neben einer Garage, eingebaut in eine Gartenumrandung. Er ist einer von zwei erhaltenen historischen Bischofssteinen von 1491, die den Besitz des Bischofs von Basel markierten. Zu der Zeit war Basel noch eine deutsche Reichsstadt, ein Teil des Weinbergs am Schlipf aber gehörte nicht der Stadt Basel, sondern dem Bischof, und das seit dem 13. Jahrhundert! Zudem zeigt der Stein die Inschrift «margraf» in gotischen Minuskeln (eine im Mittelalter übliche Schrift für Inschriften).

Ab hier führt die Grenze gerade den Hang hinauf über Privatgrundstücke, weshalb wir wieder einen kleinen Umweg machen müssen. Wir folgen dem Strässchen geradeaus, biegen

Grenzsteinenthebung beim Bau der Zollfreistrasse

An einer alten und bizarren Grenze

Grenzstein 33a,
üppig «umschildert»

nach rechts in den Rumeltweg ein, dann rechts in den Oberen Schlipfweg. Steil geht es hinauf! Beim Stein 37a kommen wir zurück an die Landesgrenze und zu einer Ruhebank mit schöner Aussicht (der Stein 37 steht heute bei der Kirche am Lindenplatz in Weil am Rhein). Grenzsteinentdecker*innen können hier einen Abstecher zurück zum Stein 36 machen. Dem Wanderweg vom Bänkli weg nach links folgen bis zur Strasse, dann ein paar Meter der Strasse entlang. Der Stein steht links oberhalb der Strasse.

Vertrag ohne Verfalldatum

1852 schlossen die Schweiz und das Grossherzogtum Baden einen Staatsvertrag. Die Schweiz garantierte dem Grossherzogtum (Deutschland gab es noch nicht) einen Durchgang von etwa 740 m über Schweizerboden – zwischen Weil und Lörrach. 161 Jahre später und nach vielen Jahren hartnäckiger Auseinandersetzungen – für den Bau der Strasse mussten viele Bäume gefällt werden – wurde 2013 die Zollfreistrasse dem Autoverkehr übergeben. Ihre Befürworter beriefen sich stets auf diesen alten Vertrag, der eigentlich für eine Eisenbahnlinie abgeschlossen wurde. 1852 gab es noch keine Autos. Auf der Publikationsplattform des Bundesrechts (Fedlex) kann man den Originalvertrag heute noch nachlesen.

Vom Stein 37a gehen wir weiter geradeaus, leicht bergab zum Grenzstein 38, dem «Sonnenstein», dem zweiten Bischofsstein dieser Wanderung. 1491! Uns kommt spontan in den Sinn, dass er schon vor der Entdeckung Amerikas gesetzt wurde. Talseitig sind auf dem Stein ein schwarzer Baselstab und ein roter Bischofsstab und bergseitig ein schwungvolles Wappen des Markgrafen von Baden. Hier geniessen wir auf der Ruhebank eine letzte Pause mit schöner Aussicht: Ein Panorama von der Burg Rötteln ganz links über Lörrach, die Chrischona und Riehen.

Vom Bänkli aus spazieren wir steil hinunter und dann rechts durch den Ritterweg (auf dem oberen Weg bleiben). Wir kommen am «Sortengarten» vorbei, wo viele verschiedene Traubensorten wachsen und beschrieben werden. Beim Bruckewegli steigen wir links über einen Treppenweg steil hinunter zum Naturbad von Riehen. Am Ende der Treppe befindet sich linker Hand die eindrückliche Wasseraufbereitungsanlage für das Naturbad.

Wir halten uns links, überqueren die Wiese auf der Strassenbrücke, gehen gleich nach der Brücke wieder links, ein Stück der Wiese entlang zurück zur Landesgrenze (asphaltfrei auf dem Pfad unten an der Wiese). An der Landesgrenze biegen wir rechts ab und finden noch die beiden Steine 41 (links am Weg vor der Häuserreihe) und 42, kurz bevor der Weg nach rechts führt. Wir folgen diesem Weg, gehen bei der ersten Gelegenheit links über den Bach und zur Tramendstation «Riehen Grenze».

Badische Seite des Sonnensteins

Der Sonnenstein mit Bischofs- und Baselstab

In der Eisernen Hand

Aussichtsreiche Berg- und Talwanderung
mit grosser Grenzstein-Vielfalt aus sechs Jahrhunderten

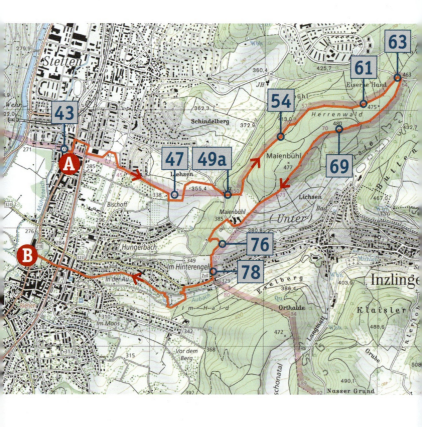

Anreise: S6 Richtung Zell im Wiesental oder Tram 2 Richtung Eglisee bis Haltestelle «Badischer Bahnhof», dann Tram 6 Richtung «Riehen Grenze» bis Endhaltestelle

Distanz: 10 km, ↑265m ↓265m

Dauer: ca. 3 h 30 min

Karte: LK 1:25 000, Blatt 1047 Basel

Rückreise: Tram 6 Richtung Allschwil bis Haltestelle «Badischer Bahnhof», Tram 2 Richtung Binningen bis Bahnhof SBB

Bemerkungen: Rundwanderung mit vielen schönen, historischen Grenzsteinen. Kann gut auch im Winter gewandert werden. Einige Wegabschnitte sind nicht auf der Landeskarte verzeichnet.

Einkehren: Riehen (keine Verpflegungsmöglichkeiten unterwegs)

Suche nach dem ersten Grenzstein

Nach einer eleganten Schlaufe steigen wir aus dem Tram und gehen auf der linken Strassenseite durch den Schweizerzoll. Linker Hand sehen wir ein grünes Waaghäuschen und eine Waage für Fahrzeuge. Ob sie noch gebraucht wird? Zwischen den benachbarten weissen Garagen und einer Mauer ist gut versteckt der erste Grenzstein dieser Wanderung zu entdecken: der Stein 43, eingemauert in die Gartenmauer, manchmal auch von Brennnesseln überwachsen und schlecht zu sehen. Zurück am Zoll gleich gegenüber auf der anderen Strassenseite befindet sich ebenfalls ein Grenzstein, allerdings ohne Nummer und die Inschrift ist nicht mehr zu entziffern. Dafür steht gleich daneben das «Haus zum Gränzstay».

Weiter geht es durch den deutschen Zoll und über die Landesgrenze, die gemeinsame Grenze von Deutschland und der Schweiz, eine der ältesten Grenzen in Europa. Der Grenzverlauf ist seit mehr als 500 Jahren unverändert! Wir können uns auf schöne historische Grenzsteine freuen. Nach dem deutschen Zoll sehen wir auf der rechten Seite vor dem grossen weissen Gebäude auf einer rot-weiss gebänderten Säule das von zwei Fabelwesen (geflügelte Greifen) gehaltene, mit einer Königskrone bedeckte Stammwappen des «Grossherzogthum Baden». Der schräg verlaufende rote Balken auf gelbem Grund wird uns auf vielen Grenzsteinen begegnen.

Wir gehen rechts am Gebäude vorbei, biegen rechts ab und überqueren die Geleise der S-Bahn, die zahlreiche Orte zwischen Basel und Zell im Wiesental verbindet. Danach folgen wir den Geleisen nach rechts und biegen bei der ersten Möglichkeit links ab. Die Landesgrenze verläuft rechter Hand, am äusseren Rand der Wiese

Wappen des Grossherzogtums Baden

In der «Eisernen Hand»

mit den alten Bäumen. In der vegetationsarmen Jahreszeit kann man unter einer Fichte den Grenzstein 44 sehen. Bei unserer Wanderung im Mai steht das Gras aber hoch und wir betreten die Wiese nicht.

Hinauf in den Maienbühl

Wir folgen dem asphaltierten Weg zuerst nach links, dann rechts um den Tennisplatz herum und biegen nach den Glascontainern rechts ab, quer über den Platz mit den Fussballtoren, überqueren den Asphaltweg und gehen rechts an den Einfamilienhäusern vorbei. Auf einem asphaltierten Fussweg steigen wir nun wieder direkt der Grenze entlang hinauf, wo wir rechter Hand alsbald Grenzstein 45 entdecken (je nachdem im hohen Gras versteckt). Wir folgen dem Weg bergauf und wechseln so bald wie möglich nach rechts auf einen Naturweg, der uns entlang des Waldstreifens hinauf zum nächsten Grenzstein bringt. Dieser Grenzpfad ist auf der Landeskarte nicht verzeichnet, aber im Gelände deutlich erkennbar. Bald gehen wir am Zaun einer Freizeitgartenanlage entlang. Auf der linken Seite öffnet sich die Landschaft. Zahlreiche grosse Nussbäume schmücken die Wiese. In der Ferne, hinter Lörrach, steht die mächtige Burg Rötteln. Auf der entgegengesetzten Seite geht der Blick nach Basel. Die beiden Roche-Türme Bau 1 und 2 ragen als neue Landmarken in den Himmel. Wir passieren den Grenzstein 46 und folgen nach den Freizeitgärten einem Trampelpfad

Grenzstein Nr. 47, gegen das Maienbühl hinauf

weiter geradeaus, vorbei am Zwischenstein 46a.

Der Grenzstein 47 steht seit über 400 Jahren genau an dieser Stelle, etwas abseits links des Weges: Er ist datiert mit 1600 und zeigt das Wappen der Freiherren von Schönau, die fünf Jahrhunderte als Vögte in Stetten amteten. Je nach Vegetationsstand können wir ihn aus der Nähe betrachten (dieses Wappen werden wir sonst später nochmals antreffen). Wir gehen weiter auf dem Pfad, biegen am Ende des letzten Gartens nach rechts ab (vorsichtig mit Abstand um das Bienenhaus herum)

Wappen der Herren von Schönau

und dann gleich wieder links in einen Feldweg. Dieser führt uns mit einer langgezogenen Rechtskurve zum Waldrand hinauf.

Je nach Jahreszeit und Ackerfrucht sehen wir vielleicht rechter Hand im Feld die Steine 47a, 48 und 49. Von hier hat man einen herrlichen Panoramablick auf Basel. Wir kommen auf ein asphaltiertes Strässchen, dem wir nach rechts bergauf folgen. Bei der nächsten Verzweigung führt links der «Obmaienbühlweg» in den Wald hinein. Kurz vor dem Wegschild zweigt ein unscheinbarer, nicht markierter Pfad rechts ab, der uns hinauf und hinein in den Wald bringt. Wir begegnen dem Zwischenstein 49a mit einem wunderschönen Baselstab und dem Wappen von Baden mit der Krone der Grossherzöge.

In der Eisernen Hand

Der Pfad führt uns schnurstracks hinauf zu Stein 50, dessen mächtiges Fundament wohl aus neuerer Zeit stammt. Von jetzt an vereinfacht sich die Orientierung. Der Grenzpfad, auf dem wir uns jetzt befinden, führt uns nach links zuverlässig der Landesgrenze entlang, in die sogenannte «Eiserne Hand». Die Kerben (Wei-

Badisches Wappen mit Krone

Im Herrenwald

Der lange Finger der Schweizer Hand

Ein Streifen Land, keine zwei Kilometer lang, manchmal gegen dreihundert Meter breit, ein kleiner bewaldeter Hügel und doch – seit Jahrhunderten – Schauplatz dramatischer Geschichten um Leben und Tod, Flucht und Schmuggel. Zahlreiche Autor*innen wurden durch diesen Ort und seine Geschichten für ihre Romane und Filme inspiriert. Der Wikipedia-Artikel «Eiserne Hand» gibt einen Überblick. Auch der Wald erzählt auf seine Weise: Der Wald auf Schweizer Seite besteht aus mächtigen alten Bäumen, derjenige auf deutscher Seite musste ordentlich Federn lassen. Vor allem nach dem Ersten Weltkrieg wurde hier massiv Holz geschlagen. Der Verkaufserlös ging als Reparationszahlung an Frankreich. Davon hat sich der Wald bis heute noch nicht wirklich erholt.

sung) auf den Oberseiten der Steine weisen uns den Weg. Wir sind hier auf dem «Maienbühl», einem bewaldeten Bergrücken.

Auf dem folgenden Stück wird die Grenze wie nirgends sonst in dieser Region mit vielfältigen, fast immer gut erhaltenen Grenzsteinen markiert. Wir kommen an einem kleinen, schon fast überwachsenen Stein-

bruch vorbei. In dieser Gegend, die landschaftlich zum Dinkelberg gehört, finden sich zahlreiche Steinbrüche, die gewiss auch Material für Grenzsteine lieferten. Wir treffen auf den Grenzstein 51 mit dem Wappen der Freiherren von Schönau.
Die Nummer 52 wird von zwei schützenden Steinen flankiert. Die Jahreszahl 1700 ist im steinfüllenden Baselstab integriert. Der Grenzstein 53 ist mit Jahr 1954 der jüngste dieser Wanderung: Er wurde anlässlich der Gründung des Landes Baden-Württemberg gestiftet. Der Stein 54 zeigt eine prächtige badische Seite:

Bischof- und Baselstab von 1491

Stolze Krone und Kreuz. Der Baselstab hingegen wirkt ein wenig verschämt, halb versunken, scheu, getraut sich fast nicht auf den Stein. Hier nehmen wir den linken Pfad bis zum nächsten Grenzstein, biegen rechts ab auf einen unscheinbaren Pfad bergauf und beim Stein 56 dann links auf einen breiteren Weg.

Wir befinden uns jetzt im «Herrenwald». Der Wald, ein alter Eichenwald, war einst ein sehr wertvoller Besitz der Domherren von Basel. Vorbei an den Steinen 57–60 kommen wir zum Grenzstein 61 aus dem Jahr 1491. Er ist der einzige Bischofsstein und zugleich der älteste Stein auf der Grenzlinie der Eisernen Hand (zwei weitere stehen quasi gegenüber im Riehener Schlipf, siehe Wanderung 2). Das Wappen zeigt den fürstbischöflichen Krummstab über dem Baselstab.

Bei der Nummer 63 nimmt die Grenze eine abrupte Wendung nach rechts. Wir sind an der Spitze der Eisernen Hand angekommen: Auf der Karte sieht der schweizerische Zipfel wie ein ausgestreckter Zeigefinger einer Hand aus, die Herkunft der Bezeichnung «Eiserne Hand» ist aber unklar. Hier durchqueren wir mit nur 20 Schritten die Schweiz von Nordwest nach Südost. Beim Stein 64,

In der Eisernen Hand

Winterwunder-Baselstab

ein Dreibannstein, der auch die Gemeindegrenze von Lörrach und Inzlingen mit einer zusätzlichen Kerbe anzeigt, drehen wir noch einmal einen Viertelkreis nach rechts.

Jetzt gehen wir weiter Richtung «In der Au», auf der Rückseite der Hand zurück Richtung Riehen, vorbei an den Steinen 65–67. Der Grenzstein 68 am Maienbühlweg aus dem Jahre 1840 ist aus dem gleichen rötlichen Buntsandstein wie das Basler Münster. Stein 69 zeigt eine «Saufeder», das Wappen der Adligen-Familie Reich von Reichenstein. Entsprechend der Weisung von Stein 69 nehmen wir bei der nächsten Verzweigung den rechten Pfad. Bei 71a links halten, dann bei der Gabelung

Wappen, Marken, Labels

Entlang der Grenze zwischen der Schweiz und Deutschland begegnen wir den Wappen der badischen Markgrafen, der Saufeder der Reich von Reichenstein und den drei Kugeln oder Kreisen der Adligen von Schönau, und fast immer den schwarzen Baselstäben der Stadt Basel. Diese Wappen wurden einst auf die Schilder gemalt, damit bei kriegerischen Auseinandersetzungen alle wussten, wer sich hier für welche Seite engagiert. Solche Markierungen haben sich in vielfältigen, weiteren Anwendungen bewährt. Wir kennen sie heute als Labels und Logos, als starke oder schwache Marken, und bekennen mit ihnen Farbe und zeigen Flagge.

Die Saufeder der Reich
von Reichenstein

rechts dem schmaleren Pfad folgen bis Stein 72. Nun geht es sanft hinunter. Wir kommen aus dem Wald und sehen linker Hand Inzlingen und am Weg eine einladende Grillstelle mit Tisch und Bänken. Vor uns ragt die Spitze des Sendeturms von Chrischona in den Himmel; dort hinüber und hinauf werden wir bei der Wanderung 4 der Landesgrenze nachgehen.

Hinunter ins Autal

Wir folgen dem Waldrand und kommen bald zum Maienbühlhof, der im Jahr 1844 als Trinkerheilanstalt der Gemeinde Riehen gebaut wurde und seit 2020 als Bio-Bauernhof geführt wird. Kurz vor dem Hof steht links im Gras der Grenzstein 74B. Wir gehen vorbei am Hof und dann rechts der Wanderwegmarkierung nach. Bei der nächsten Wegverzweigung steht eine Informationstafel zu den Grenzsteinen in der «Eisernen Hand».

Der auf der Landeskarte eingezeichnete Pfad der Grenze entlang existiert hier nicht mehr. Wir müssen einen Umweg machen und folgen der asphaltierten Waldstrasse links hinunter bis zu einer Waldhütte mit Grillstelle. Kurz vor der Hütte zweigt links ein Trampelpfad ab (nicht mar-

Schwarz auf Flechtenweiss

kiert und schlecht zu sehen). Diesem folgen wir hinauf. Bei der ersten Verzweigung halten wir uns links, bei der zweiten rechts. Der Stein 76 steht ein wenig abseits des Weges links oberhalb in der steilen Böschung. Der rötliche Baselstab ist auch von Ferne gut zu erkennen. Der Pfad führt bald mit einem kurzen steilen Abstieg wieder hinaus aus dem Wald, wo rechter Hand der Grenzstein 77 steht. Weiter geht es auf einem Trampelpfad geradeaus, abwärts zum Stein 78, der wieder die «Saufeder» im Wappen zeigt, und von da zum Zollübergang Riehen/Inzlingen hinunter. Gleich rechts vor dem Zoll steht der letzte Grenzstein dieser Wanderung, 78A.

Wer genug gewandert ist für heute, kann hier den Bus 35 nach Riehen nehmen. Wir aber gehen ein Stück rechts der Inzlinger Strasse entlang, bis zur nächsten Bushaltestelle und dem Fussgängerstreifen und einer besonderen Bank: Gleich neben einer modernen Sitzbank steht eine historische, die einst den Bauersfrauen aus dem Markgräflerland auf dem Fussweg zum Markt in Basel als Rastplatz diente. Wir folgen nun dem Wanderweg Richtung Riehen Dorf, über einige Treppenstufen hinunter ins Autal. Wir empfehlen einen Rundgang durch das Reservat Autal (der weissen Raute folgen). Nach dem Autal einfach immer geradeaus gehen, durch den Sarasinpark zur Haltestelle «Fondation Beyeler» oder zurück nach Riehen Dorf, um in einem der Lokale dort den Wandertag ausklingen zu lassen.

Im Maienbühl oberhalb Riehen

Über den Hausberg von Basel

Munteres Auf und Ab, zackiges Hin und Her, eine Fülle historisch interessanter Grenzsteine

Anreise: S6 Richtung Zell im Wiesental oder Tram 2 Richtung Eglisee bis Haltestelle «Badischer Bahnhof», dann Tram 6 Richtung Riehen Grenze bis Haltestelle «Riehen Dorf»

Distanz: 11 km, ↑430 m ↓440 m

Dauer: 4 h

Karte: LK 1:25 000, Blatt 1047 Basel

Rückreise: Bus 31 Richtung Claraplatz oder Bus 38 Richtung Bachgraben bis Haltestelle «Wettsteinplatz», dann Tram 2 Richtung Binningen bis Bahnhof SBB

Bemerkungen: Einige Wegabschnitte sind nicht auf der Landeskarte verzeichnet. Der Abstieg durch den Horngraben (am Ende der Wanderung) wird nicht mehr unterhalten, ist aber begehbar. Eine Variante über den Hornfelsen besteht.

Einkehren: Chrischona Restaurant Waldrain (soll im ersten Halbjahr 2022 wieder öffnen), Riehen

Hinauf zum ersten Grenzstein

Von der Tramhaltestelle «Riehen Dorf» gehen wir links am Hotel Restaurant Landgasthof vorbei, auf dem Frühmesswegli geradeaus in den Park hinter dem Gemeindehaus, den Wettsteinpark. Einige alte, enthobene Grenzsteine stehen hier (im Sommer ziemlich überwachsen und schlecht zu sehen). Wir durchqueren den Park, biegen links in die Bahnhofstrasse ab, um beim Haus «Gitarrenbau» (hier wurden einst die ersten in Europa handelsüblichen E-Gitarren gebaut) wieder rechts abzubiegen. Nach den Bahngeleisen folgen wir dem markierten Wanderweg geradeaus. Bald steigen wir eine Treppe hinauf, gehen weiter geradeaus, bis rechts das stattliche Haus «Moosrain» auftaucht. Danach halblinks dem markierten Wanderweg nach in den Leimgrubenweg. Nach einem Hohlweg sehen wir links hinunter ins Autal und in der Ferne einen bewaldeten Hügel, das Maienbühl (siehe Wanderung 3). Wir nähern uns dem Wald «im Haid». Bei der gleichnamigen Busstation biegen wir links ab in den Wald.

Wir sind nun auf dem Haidweg. Bei der zweiten Abzweigung im Wald – hier steht eine Ruhebank – gehen

Grenzweg Chrischona

wir rechts, sind bald am Waldrand und nach einer Rechtskurve bei unserem ersten Grenzstein mit der Nummer 81. Wir befinden uns hier an einer alten Grenze. Der Landesgrenzstein, der diese Grenze sichtbar macht, zeigt eine wuchtige «Saufeder», das Wappen der Herren Reich von Reichenstein, einen prächtigen, rechtsgerichteten Baselstab und einen Vermessungsbolzen (FP=Fixpunkt) aus jüngerer Zeit mit einem linksgerichteten Baselstab. Wir werden auf dieser Wanderung eine Fülle unterschiedlichster Wappen und Baselstäbe finden. Die gestalterischen Freiheiten der Steinmetze waren offensichtlich gross. Vielleicht entscheiden Sie sich für die Beobachtung von Baselstäben oder badischen Wappen, oder beides!

Seltener rechtsgekrümmter Baselstab

Und weiter hinauf nach St. Chrischona

Wir steigen den Weg weiter hinauf, dem Waldrand und der Landesgrenze entlang. Wir passieren den Zwischenstein 81a mit «GB» für Grossherzogtum Baden, dann die Steine 82 von 1969, «modern times», eingefräster Baselstab und ein nüchternes D für Deutschland, 82a, mit einem krähenhaften Baselstab auf einem schiefen und demolierten Stein, und 83 von 1923, («RB» = Republik Baden, die nur von 1918 bis 1933 existierte).

Nach Stein 84a biegt der markierte Wanderweg rechts ab, wir aber gehen geradeaus, hinunter ins Chrischonatal (Schmetterlingsweg).

Gut versteckt

DA: Eine Grenze zugunsten Schule und Spital

Die folgenden Steine 88 bis 91 zeigen prächtige Saufedern und Baselstäbe. Beim Stein 89 winkt uns eine Saufeder, wie ein Wegweiser, nach links. Der Baselstab auf Stein 91 scheint uns zärtlich und etwas ungelenk, wie von Kinderhand gezeichnet. Bei Stein 92 sehen wir auf dieser Wanderung zum ersten Mal das gelb-rote badische Wappen. Hier verlassen wir den Wald und folgen dem Waldrand. Vor uns steht der 250 m hohe Chrischona-Fernsehturm wie eine startklare Mondrakete. Er

Jetzt, Ende Mai, bestaunen wir eine weite, zauberhafte Magerwiese. Wir folgen dem Grenzpfad, hinein und hinauf in den Wald, vorbei an den Steinen 85 (der zusätzlich die Gemeindegrenze von Bettingen und Riehen markiert) und 86. Auf dem Stein 87 von 1759 (und später auch auf 89) sehen wir zusätzlich die Buchstaben «DA», die Abkürzung für das «Deputatenamt». Dieses Amt verwaltete Gebiete, die nach der Reformation den Klöstern weggenommen wurden. Die Erträge kamen aber nicht einfach dem Staat zu, sondern wurden zugunsten von Schulen und Spitälern verwendet.

Badisches Wappen mit Krone und Kreuz

Wappen von Österreich im Wald von Riehen

wurde 1983 errichtet und ist nicht nur Sendeanlage, sondern auch Wasserreservoir. Wir werden ihn in einem grossen Bogen umrunden. Stein 93 versteckt sich vielleicht in Brennnesseln. Bei Stein 93a, jetzt wieder im Wald, folgen wir dem Pfad geradeaus.

Stein 94 von 1752 zeigt in schwungvollen Schildern wieder eine Saufeder in schönen Farben und einen Baselstab. Auf dem grossen Stein 95 überrascht uns eine Mini-Saufeder, ein Federchen. Bei der nächsten Verzweigung halten wir uns links (nicht auf den breiten Weg einbiegen) und kommen bald zum Stein 96. Wir passieren die Steine 97 und 98. Auf dem Stein 99 steht zusätzlich «GW» für Gemeindewald (mit der Nummer 21). Dieser Landesgrenzstein grenzt auch die Waldparzelle der Gemeinde ab. Beim Grenzstein 100 stehen auf deutscher Seite, links, hinter dem Schlagbaum, drei Ruhebänke und ein Wegweiser, auf dem der Grenzstein 100 mit Höhenangabe (höchster Punkt dieser Grenze) vermerkt ist! An seiner Stelle stand einst der «Schwedenstein», an dem die schwedischen Soldaten im Dreissigjährigen Krieg ihre Schwerter geschärft haben sollen.

Hinunter in den Wyhlengraben – und wieder hinauf nach St. Chrischona

Wir bleiben auf der Schweizer Seite und folgen dem Pfad, der uns bei Stein 100 geradeaus weiterführt. Wir kommen an einigen prächtigen und seltenen Zwischensteinen vorbei. 100b und 100c, beide von 1825, zeigen das Badische Wappen mit Kreuz und Krone, Hinweise auf die Verbindung weltlicher und geistlicher Macht.

Rotweiss leuchtet uns bald das vorderösterreichische Signet, die Marke einer anderen Machtsphäre, entgegen. Stein 101 von 1771 ist der erste von fünf Steinen mit diesem Wappen. Witzige Varianten davon sind auf den Steinen 102–104 zu sehen. Die Grenze folgt dem Wyhlengraben bis zum scharfen Grenzknick bei Stein 105. Diese Grenzspitze ist bereits auf einer Karte von Hans Bock von 1620, eine der ältesten Karten von Basel, eingezeichnet. Vorbei an 105a und 105a1 (quasi ein Zwischen-Zwischenstein) steigen wir hinauf zu einem breiteren Weg, ihm

Grenzstein mit Schutzsteinen

folgen wir nach links. In der nächsten Kurve gehen wir auf einem Pfad geradeaus und steigen vorbei an Stein 108 wieder St. Chrischona entgegen. Wir kommen aus dem Wald. Mitten in der Wiese vor uns (wenn es schneit, die Basler «Schlittelmatte») steht Stein 110. Der Sendeturm ragt wieder über uns auf. Wir machen einen kleinen Schlenker, gehen links dem Waldrand entlang, um gleich nach der Wiese rechts einen Waldpfad hochzusteigen. Am Waldrand treffen wir auf den markierten Dreiland-Wanderweg und sehen über uns die Chrischona-Kirche.

Hier machen wir einen Abstecher zum höchsten Punkt des Kantons Basel-Stadt (522 m ü. M.). In wenigen Minuten sind wir bei der Kirche St. Chrischona, einem mauerbewehrten Bergheiligtum, einst ein viel besuchter Wallfahrtsort. Die Türe in den Kirchturm ist offen und über eine schöne Holztreppe kann man hochsteigen und durch die Fenster des Turmstübchens hinaus in die Landschaft blicken. Vor der Kirche gibt es Panoramatafeln mit Informationen zum Ausblick.

Zurück vom Abstecher gehen wir nach rechts, dem markierten Wanderweg nach und kommen bald zum Stein 112. Viele der Grenzsteine hier

Die Legende der Heiligen Christiane

Christiane, aus der später Chrischona wurde, war eine der «Elftausend Jungfrauen», die auf ihrer Pilgerreise nach Rom durch Basel kamen. Sie blieb in Basel und starb auch hier. Die Verstorbene sei auf einem von zwei Ochsen gezogenen Wagen auf den Berg gebracht, und dort, wo die Ochsen stillstanden, begraben worden. An dieser Stelle wurde die erste Kirche gebaut. 1504 wurde Christiane heiliggesprochen. St. Chrischona wurde damit zum Ziel vieler Pilgerreisen. Pilger*innen übernachten, essen und kaufen Souvenirs. Deshalb erwarb Basel in Erwartung guter Geschäfte die Pilgerstätte. Die Wallfahrten fanden allerdings mit der Reformation von 1529 ein abruptes Ende, und damit auch die erhofften Einnahmen.

sind mit Holzpfählen markiert oder mit zusätzlichen Steinen geschützt: Für den malträtierten Stein 113 war es zu spät. Grosse Traktoren und schwere Forstmaschinen sind heute die grössten Gefahren für Grenzsteine.

Wir passieren die Steine 114–117 und sehen am Waldrand Grenzstein 118 von 1566. Der Baselstab ist schwungvoll eingefasst. Wir folgen links dem Waldrand und der Landesgrenze und umrunden ein weites Feld, das «Junkholz» – wieder ein kleiner Schweizerzipfel nach Deutschland hinein. Stein 120 von 1840 wurde am 13. November 1956 neu fundiert: dies ist auf dem Sockel vermerkt. Nun kommen wir an einigen Wohnhäusern von Grenzach-Wyhlen Neufeld vorbei. Die Steine 123 und 124 wurden im Jahre 2002 wegen Altersschwäche durch neue Steine aus rotem Sandstein ersetzt. Die Basler Bildhauerin Owsky Kobalt zeigt uns das Wappen der Herren von Bärenfels, einen Bären und einen Baselstab. Beim Stein 125 werfen wir einen Blick zurück. Wir sehen die beiden Ruhebänke am Waldrand, dort wo wir bei Stein 118, etwa 200 m entfernt, links abgebogen sind.

Ausblicke – Einblicke

Jetzt, da wir den bizarren Grenzverlauf dieser Gegend in den Füssen haben, die 72 Stufen im Chrischona-Kirchturm hochgestiegen sind, öffnet sich unsere Wahrnehmung: Der Blick aus der kleinen Kirchturmstube in die Weite hinaus entgrenzt. Die Landschaft, die Hügel, bei klarem Wetter die Berge, weite Wälder, die Rheinebene. Unfassbar, welche Kräfte – geologische, biologische, geschichtliche – hier seit Jahrtausenden wirken und diese Gegend prägen. Wir ahnen die vielfältigen, verworrenen und verwobenen Geschichten, ihre Wechselwirkungen und ihre Überlieferungen.

Und nun hinunter in den Horngraben zum Zoll «Grenzacherhorn»

Jetzt halten wir uns links, im Rücken St. Chrischona, gehen dem markierten Wanderweg entlang Richtung «Hörnli». Die Steine, die jetzt noch kommen, sind uns schon fast vertraut, unsere «Grenzsteinbeobachtungskompetenzen» sind inzwischen gut entwickelt. Zwischen Freizeitgärten und Wiesen folgen wir dem Pfad und kommen beim Stein 131 von 1964 wieder in den Wald. Auf einigen Steinen leuchten die badischen Wappen gelb und orangerot. Kurz nach 141 sehen wir einen Stein, der die Grenze zwischen den Gemeinden Bettingen und Riehen markiert. Der Stein 142 von 1772 zeigt einen Baselstab in einem verspielten Renaissance-Schild und ein badisches, schlichteres Wappen mit einer Krone. Beim Grill- und Picknickplatz gehen wir geradeaus, in den Horngraben hinunter. Dieser steile Grenzpfad wird zwar nicht mehr unterhalten, führt aber noch gangbar – mit ein paar kleinen Hindernissen – der Grenze entlang hinunter. Nach etlichen

Altes Grenzschild «Im Strick»

Zeitreise

schönen badischen Wappen und allerlei Baselstäben kommen wir beim Stein 145 aus dem Wald.

Aussichtsreiche Variante über den Hornfelsen:
Wem der steile Abstieg verbunden mit ein paar «Baumklettereien» zu anstrengend ist, kann auf dem ausgeschilderten Wanderweg über den Hornfelsen (mit einer letzten schönen Aussicht auf Basel und die Region) Richtung Grenzach hinuntersteigen – auf der Karte in Hellblau eingezeichnet. Beim Stein 145 treffen sich die beiden Wege.
Wir gehen geradeaus weiter, bald an neuen Grenzacher Mehrfamilienhäusern entlang mit den «Vorgarten»-Steinen 146–148, bald am Friedhof von Basel, dem Hörnli, mit anderen Steinen und Erinnerungsaufgaben.

Vor der Einmündung in die Strasse Hörnliallee sehen wir links oben den prächtigen Grenzstein 149. Den ehren wir noch mit unserem Besuch. Er wartet seit 1797 auf uns. Es ist ein Dreieckstein mit zwei Baselstäben, dem Schriftzug «Banstei» und einem badischen Wappen. Wir gehen zurück und folgen der Strasse nach links bis zum Zoll «Grenzach-Wyhlen». Auf der anderen Strassenseite, gegen den Rhein, steht der Stein 151. Von hier aus verläuft die Landesgrenze «steinlos» in der Mitte des Rheins, bis kurz vor Eglisau. Dort steigt sie rechtsufrig wieder aus dem Wasser heraus und es beginnt mit einer neuen Nummer 1.
Wir betrachten zum Abschied von dieser Wanderung das kleine farbige Häuschen, Grenzacherstrasse 542, mit dem Namen «zum Strytgärtli». Der Liestaler Otto Plattner (1886–1951) malte 1932 die Szene, die zum nahen Zoll passt: Ein Bundesweibel hat die Grenze zu Deutschland im Auge. Wir haben für heute genug Grenzen und Grenzsteine gesehen. Bei der nahen Haltestelle «Riehen, Hörnli Grenze» steigen wir in den Bus.

Aus der Stadt hinaus aufs Land

Wanderung durch drei Friedhöfe, Aufstieg ins Sundgauer Hügelland mit schöner Aussicht

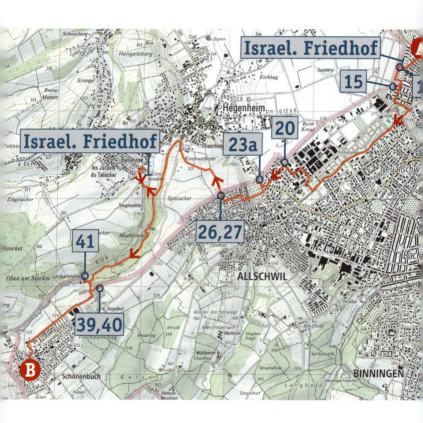

Anreise: Tram 1 Richtung Dreirosenbrücke bis Haltestelle «Burgfelderplatz», dann Tram 3 Richtung Burgfelderhof/Saint-Louis bis Haltestelle «Waldighoferstrasse»

Distanz: 11 km , ↑255 m ↓175 m

Dauer: ca. 3 h 30 min

Karten: LK 1:25 000, Blatt 1047 Basel und 1067 Arlesheim

Rückreise: Bus 33 Richtung Basel Schiffländе bis Haltestelle «Schützenhaus», dann Tram 1 Richtung Badischer Bahnhof bis Bahnhof SBB

Bemerkungen: Da zwei jüdische Friedhöfe besucht werden, sollte die Wanderung nicht an Samstagen oder jüdischen Feiertagen gemacht werden.

Einkehren: Hégenheim, Schönenbuch

Zum ersten Grenzstein an besonderer Stelle

Von der Tramhaltestelle gehen wir etwas zurück, dann rechts in die Waldighoferstrasse bis zur Theodor Herzl-Strasse. Wir betreten den israelitischen Friedhof durch den Haupteingang und gehen geradeaus zur Gedenktafel «Schreckensjahre 1933–1945». Hinter dieser Tafel und hinter dem anschliessenden Zaun im angrenzenden Schrebergarten steht versteckt der Grenzstein 14 (im Sommer kaum zu sehen in den Sträuchern). Dieser Friedhof wurde erst im Jahr 1903 von der Stadt zugelassen. Das Problem war, dass jüdische Gräber niemals aufgehoben werden dürfen – auch wenn niemand mehr da ist, der sich um sie kümmert (und bezahlt). Darum wurden bis dahin viele Basler Jüdinnen und Juden in Hégenheim bestattet. Auch diesen Friedhof werden wir heute noch besuchen.

Nach einem Rundgang durch den Friedhof gehen wir zurück zur Theodor Herzl-Strasse, biegen rechts in die Hegenheimerstrasse ein und machen einen Abstecher zum Grenzstein 15, beim Abzweiger, wo die Hegenheimerstrasse in ihrer Verlän-

Israelitischer Friedhof Basel

Aus der Stadt hinaus

Wir gehen zurück zur Kreuzung und biegen rechts in die Belforterstrasse ein. Dieser folgen wir, bis wir links in das Badweglein einbiegen, das dann zur Bachgrabenpromenade wird. Hier wenden wir uns nach rechts und folgen bald dem Dorfbach von Allschwil. Die Überschreitung der Stadt- und Kantonsgrenze bleibt unbemerkt. Wir bummeln am Bach entlang (auf welcher Seite spielt keine Rolle, die rechte bietet aber einen besseren Einblick ins angrenzende Gelände). Nach dem Golf-

gerung auf französischem Boden zur Rue de Bâle wird. Der Industrie-Granitstein von 1909 mit dem seltenen Kürzel «SE» für Schweizerische Eidgenossenschaft passt in die staubige, verschmutzte Umgebung. An dieser Stelle soll in den nächsten Jahren ein Zugang zum «Parc des Carrières» entstehen, einem grossen Landschaftspark. Das grenzüberschreitende Umgestaltungsprojekt soll bis 2028 fertig sein.

Die Rue de Bâle folgt dem Grenzverlauf, ist aber stark befahren, hat kein durchgehendes Trottoir, und die Grenzmarkierungen 16 und 17 bestehen nur aus Metallplättchen im Boden. Die Steine 18 und 19 sind zwar vorhanden, lohnen aber einen Besuch nicht. Wir wählen deshalb einen angenehmeren Weg für unsere Wanderung hinaus aus der Stadt.

Alter Dreieckstein in Neuallschwil

Grenzstein 15 an der Rue de Bâle

platz und den Sportanlagen mit ihren eigenen leuchtenden Grenzlinien kommen wir rechter Hand an einer Bike-Cross-Piste vorbei. Hier biegen wir rechts ab auf ein asphaltiertes Strässchen. Dieses bringt uns zu einer Strasse, dem Hegenheimermattweg. Wir gehen ein kurzes Stück nach rechts, um gleich darauf links in die Hagmattstrasse einzubiegen. Nach ca. 150 m (bei der Hausnummer 11) gehen wir links ins Breitewägli, und dann rechts, einer Baumreihe nach, und passieren ein grosses Steinkreuz. Bald sehen wir vor uns unter einer Linde zwei Ruhebänke. Wir überqueren die Strasse mit dem witzigen Namen Kurzelängeweg. Hinter der linken Bank steht der Grenzstein 20 von 1817. Ein beachtenswerter Dreieckstein mit zwei Baselstäben, der noch aus vorindustrieller Zeit stammt. Den nächsten Stein sehen wir zwar am Rand des Feldes vor uns, aber wir betreten das Privatgelände nicht.

Wir gehen zurück zum Kurzelängeweg, dann rechts bis zum Grabenring. Wir machen wieder einen Abstecher nach rechts zum Zoll Hégenheim. Auf der linken Strassenseite steht seit 1930 der Stein 23A, ein Zwischenstein. Die folgenden

Steine 24–26 sind nicht zugänglich. Wir gehen vom Zoll ein Stück zurück zum Friedhof Allschwil und durchqueren diesen auf dem «Gottesackerweg» (Hauptweg etwa in der Mitte). Beim oberen Ausgang steigen wir eine längere Treppe hinauf, zwischen Wohnhäusern hindurch, bis zum Obertorweg und kommen geradeaus zum Oberen Rosenbergweg, der uns nach rechts zurück zur Landesgrenze und zum Stein 27 von 1894 bringt, der ein Schweizerkreuz zeigt und zusammen mit einem Hydranten wacht. Ein paar Schritte weiter geradeaus steht rechts der Sandstein 26 von 1816 mit einem schönen Baselstab. Nach «SE», «S» und Schweizer Kreuz die vierte Variante auf Schweizer Seite! Auf französischer Seite im alten Wappenrahmen das später eingemeisselte «F» – die Narben der Geschichte zeigen sich. Dem weiteren Grenzverlauf können wir auch hier nicht direkt folgen, da die Steine meist auf Privatland stehen. Darum schlängeln wir nun nach Frankreich hinüber.

Im Lörzbachtal

Grenzstein in spannender Nachbarschaft

Grenzschlängeln nach Frankreich

Etwas stadt- und asphaltmüde gehen wir ins weite Sundgau hinein. Bei gutem Wetter hat man einen fantastischen Blick auf die Rheinebene, den trinationalen Flughafen und die Stadt. Wir passieren eine Obstbaumreihe, steigen eine sanfte Anhöhe hinauf, und biegen bei der nächsten Wegverzweigung links ab. Diesem Weg folgen wir bis zu den ersten Häusern von Hégenheim. Nach etwa 200 m die Strasse hinunter biegen wir beim Reservoir links ein in den «Sentier de découverte» (das Schild ist aus dieser Richtung

Hinaus aus der Stadt

Ab 1860 werden die Stadtmauern – eine reale Stadtgrenze mit Toren, die zu oder auf waren – geschleift, damit Basel sich in die Freiflächen vor den ehemaligen Stadtmauern ausbreiten, entgrenzen kann. Seither sind wir von Baustellen umzingelt. Abbrechen, Ausbaggern, Aufbauen, dichter und höher. Gleich geht es den Ortschaften um Basel herum. So sind Basel und Allschwil gewachsen und zusammengewachsen. Wohltuend, wenn da eine Landesgrenze wie in Allschwil dieses Wachstum stoppt. Die eigentlich unsichtbare Landesgrenze wird hier nicht nur durch einige Grenzsteine markiert, sondern noch vielmehr durch die Villen, die den Grenzverlauf anzeigen. Wir überqueren die Landesgrenze und der Blick geht ins weite, ländliche Sundgauer Hügelland.

Israelitischer Friedhof in Hégenheim

nicht lesbar). Der Weg ist auch nicht auf der Schweizer Landeskarte verzeichnet. Diesem schönen Waldpfad, der parallel zur Landesgrenze verläuft, folgen wir. Bald erreichen wir die «Barrage»: hier wurde ehemals der Bach, der Lörzbach, für die Ableitung der Kanäle zu verschiedenen Mühlen gestaut (so zum Beispiel zur Mühle in Allschwil, dem heutigen gleichnamigen Restaurant). Hier empfehlen wir einen Abstecher zum Israelitischen Friedhof von Hégenheim. Wir ziehen die Schuhe aus, überqueren den Bach und folgen dem Weg auf der anderen Bachseite nach rechts. Sollte die Bachüberquerung zu schwierig sein (bei hohem Wasserstand oder kalter Witterung), kann man nach etwa 500 m den Bach auf einem Brücklein überqueren und zurück zur Barrage gehen. Der Weg führt dann hinauf zur Strasse nach Hégenheim. Rechter Hand kommt der Friedhof in Sicht. Auf einem Pfad neben der Strasse gehen wir nach Hégenheim hinein bis zum Haupteingang. Die Besichtigung des Israelitischen Friedhofs ist wirklich eindrücklich! Er wurde 1673 eröffnet. Wie bereits erwähnt, fanden hier auch viele Basler Jüdinnen und Juden ihre letzte Ruhestätte. Nach einigen Erweiterungen umfasst der Friedhof heute ca. zwei Hektaren und es gibt schätzungsweise 7000–8000 Gräber, wovon noch 2800 Grabsteine erhalten sind. Damit ist der Hégenheimer Friedhof der grösste der insgesamt 68 jüdischen Friedhöfe im Elsass.

Fischreiher beim Mittagessen

Warum liegen bei jüdischen Gräbern oft Steine auf den Grabsteinen?

Jüdische Gräber unterscheiden sich von den Gräbern auf christlichen Friedhöfen. Sie sind in der Regel nach Osten ausgerichtet und schmucklos. Auf den Grabsteinen liegen oft kleine Steine. Woher dieser Brauch kommt, ist nicht ganz klar. Im Talmud gibt es zwar 147 Handlungsvorschriften für einen Todesfall, die Steine kommen aber nirgends vor. Die häufigste Erklärung ist, dass mit den Steinchen gezeigt werden soll, dass sich jemand an den Verstorbenen erinnert: Blumen würden zu schnell verwelken, Steine überdauern. Bevor es Friedhöfe gab, hatten Steine auf den Gräbern auch eine Orientierungsfunktion: Angehörige konnten das Grab so besser wiederfinden.

Zurückschlängeln in die Schweiz

Nach diesem Abstecher gehen wir den gleichen Weg zurück zum Bach. Es spielt keine Rolle, auf welcher Seite des Baches man geht. Rechts ist der Weg breiter und bequemer, links führt ein schmaler und bei Nässe etwas rutschiger Pfad wildromantisch auf und ab. Dieser botanische Lehrpfad führt auch an der «Chêne Napoléon» vorbei, einer mächtigen, mehr als 250 Jahre alten Eiche. Wir kommen zu zwei Weihern und bald hinaus aus dem Wald auf einen asphaltierten Weg. Jetzt sind wir wieder direkt an der Landesgrenze.

Ein Grenzstein mit der Nummer 40B steht vor uns. Rechter Hand stehen die Gebäude der Lörzbachmühle. Wir gehen ein paar Schritte Richtung Bauernhof. Im Hühnerhof rechts steht der Grenzstein 41, ein wirklich spezieller Ort für einen Grenzstein!

Stein 40B bei der Lörzbachmühle

Grenzstein 41 im Hühnerhof

Die nächsten Steine (42–48) stehen auf Privatland und sind nicht zugänglich. Es gibt auch keinen Weg, der dem Grenzverlauf folgt. Wir kehren zurück und gehen das asphaltierte Strässchen hinauf. Die Steine 39 und 40 können mit einem Abstecher ins Areal der Freizeitgärten (nach wenigen Schritten links) besucht werden. Zurück auf dem Strässchen nehmen wir die erste Abzweigung rechts. Dieser Feldweg führt uns in die Hagenthalerstrasse, entlang des Gewerbegebietes von Schönenbuch. Die Grenze verläuft in Sichtweite, rechts unten am Lörzbach.

Wir bummeln zur Kirche und zur Haltestelle «Schönenbuch Dorf», wo ein paar alte Grenzsteine stehen, die bei Renovationsarbeiten in einem Gebäude entdeckt und dann hier aufgestellt wurden. Nun kann man den Wandertag mit dem Besuch eines der beiden Restaurants abschliessen, dem «Zum Bad» gleich bei der Bushaltestelle, oder der «Krone» etwas weiter oberhalb.

Entlang einer tanzenden Landesgrenze

Von Schönenbuch nach Biel-Benken:
Weiter Himmel und vielfältige Grenzsteine

Anreise: Tram 1 Richtung Dreirosenbrücke bis «Schützenhaus», dann Bus 33 Richtung Schönenbuch bis Endhaltestelle

Distanz: 8 km, ↑195 m ↓225 m

Dauer: 3 h

Karte: LK 1:25 000, Blatt 1067 Arlesheim

Rückreise: Bus 60 Richtung Muttenz Novartis bis Haltestelle «Bottmingen Schloss», dann Tram 10 Richtung Dornach bis Basel SBB

Bemerkungen: Bei nasser Witterung ist stellenweise mit schlammigen Wegen zu rechnen. Die Wanderung kann auch als Rundwanderung gemacht werden. Ab Stein 91 über Neuwiller zurück nach Schönenbuch.

Einkehren: Schönenbuch, Biel-Benken

Im Bus nach Schönenbuch

Es lohnt sich (wenn möglich), im Bus auf der rechten Seite – in Fahrtrichtung – zu sitzen. Bereits kurz nach der Haltestelle «Reservoir» sieht man rechts am Strassenrand den Landesgrenzstein 33, auf der Weiterfahrt dann noch zwei Grenzsteine. Die Strasse führt hier ein Stück direkt der Landesgrenze entlang. Steht nicht gerade der Mais hoch, sieht man einen weiteren Grenzstein mitten im Acker.

Das Dorf Schönenbuch liegt in einer sanften Hügellandschaft, mit Blick in die weite, noch nicht so ausgeräumte und zugerichtete Landschaft des Sundgauer Hügellandes. Fruchtbarer Lössboden, wir sind noch nicht im Jura, sondern im Übergangsgebiet zwischen Vogesen und Jura. Wir werden einer Vielfalt von Grenzsteinen aus drei Jahrhunderten begegnen. Der Älteste ist aus dem Jahre 1739, der Jüngste von 1986. Sie markieren eine Grenze, die wie eine schwungvolle Tanzfigur Frankreich und die Schweiz trennt und verbindet.

Hinauf zum Grenzstein 54

Gleich nach dem Aussteigen aus dem Bus werden wir von vier Grenzsteinen empfangen, von denen man nicht mehr weiss, woher sie stammen. Ein Schicksal, das viele andere enthobene Grenzsteine teilen! Wir gehen nach rechts bis zur ersten Abzweigung, dort links in die Hinterdorfstrasse. Schöne, sorgfältig renovierte Fachwerkhäuser säumen das Strässchen. Die denkmalgeschützten Häuser Nummer 10 und 12 sind aus dem 17. Jahrhundert. Am Ende dieser Strasse biegen wir rechts in den Gässligraben und gleich darauf links in den Mitzlisgrabenweg, der langsam bergan steigt. Wir lassen das Dorf hinter uns, bewundern auf der rechten Seite grosse alte Kirschbäume und gelangen zum ersten Landesgrenzstein dieser Wanderung, der Nummer 54 von 1909. Der Stein mit der Nummer 1 steht in der Stadt

Orientierungsmarke in der Weite

Beobachtungsposten im Grenzgebiet

Fachwerkhäuser zum Zügeln

Die Laubwälder im Sundgau mit ihrem grossen Eichenbestand lieferten das Bauholz, der Lehmboden das Material für Wände und Dach, das Unterholz eignete sich fürs Mauergeflecht, und vom Acker kam das Stroh, mit dem man lange Zeit das Dach bedeckte, bevor gebrannte Ziegel üblich waren.

Fachwerkhäuser sind so gebaut, dass man sie zügeln kann. Da die Häuser nicht dem Grundbesitzer gehörten, nahmen die Pächter sie beim Umzug samt Mobiliar mit. Man schlug die mit Lehm gefüllten Zwischenräume heraus und trug Balken um Balken ab. Diese sind ohne Nägel und Schrauben mit Zapfen verbunden und konnten am neuen Ort wieder zusammengesteckt werden.

Basel am linken Rheinufer, heute im Firmenareal von Novartis. Die durchgehende Nummerierung der Landesgrenzsteine wurde nach der Kantonstrennung von 1833 beibehalten. Normalerweise beginnen die einzelnen Kantone jeweils wieder mit einer eigenen Nummer 1.

Kantons- und Landesgrenzstein

Von Grenzstein zu Grenzstein

Wir gehen geradeaus hinauf zum Längehof, einem Landwirtschaftsbetrieb mit Pferdepension und Hofladen, und kommen zum Grenzstein 55, der fast komplett im Boden versunken ist. Wir halten uns rechts und gehen weiter der Landesgrenze entlang. Kurz darauf treffen wir auf den Grenzstein 56 von 1888. Hier nehmen wir den linken Weg bergan. Der Grenzstein 57 steht versteckt hinter einer Ruhebank der Bürgergemeinde Schönenbuch. Nun endet der Asphalt und wir gehen an der Bank vorbei geradeaus auf einem Feldweg, der zum Grenzstein 58 (neu datiert 1816) führt. Wir werden noch viele weitere alte Grenzsteine aus dem 18. Jahrhundert finden, die 1816 mit einer neuen Jahreszahl versehen wurden. 1815 wurden am Wiener Kongress viele der bis heute gültigen Landes- und Kantonsgrenzen festgelegt. In der Folge wurden zahlreiche alte Grenzsteine mit einem neuen Datum versehen (meistens 1816 oder 1817). Manchmal sind noch beide Jahreszahlen vorhanden.

Wir folgen dem Grenzverlauf, der oben auf dem Stein eingekerbt ist, der Weisung, zum Grenzstein 59 von 1852. Dieser weist eine Besonderheit auf: einen auf Landesgrenzsteinen seltenen, nach rechts gerichteten Baselstab.

Ein paar Schritte weiter beim Stein 60 führt die Grenze rechts hinunter Richtung Neuwiller. Der Weg der Grenze entlang führt leider nur bis zum grossen Nussbaum. Deshalb müssen wir hier einen ersten Umweg machen, biegen links ab und gehen bei der nächsten Wegkreuzung wieder nach rechts. Auf der linken Seite sehen wir den Wasserturm von Schönenbuch. Bald überqueren wir die Strasse, die Schönenbuch und Neuwiller verbindet und folgen dem Weg geradeaus bis zum Schiessstand von Schönenbuch. Direkt vor diesem karminroten, einstöckigen Gebäude biegen wir rechts ab und folgen dem Weg entlang einer Obstplantage. Auf der Höhe treffen wir wieder auf die Landesgrenze und sehen den Grenz-

Schweiz in Schieflage

Türme – von Roche bis Chrischona

stein 65 direkt vor uns (ausser, das Gras steht hoch). Wir halten uns links und erreichen den Stein 66. Ohne es zu bemerken, haben wir hier die Landesgrenze überschritten. Die nächsten Steine stehen nun links des Weges. Wir gehen jetzt auf französischem Boden weiter. Dieser «Seitenwechsel» wird noch häufiger der Fall sein. Er erinnert uns daran, dass die Grenzsteine den aneinandergrenzenden Ländern gemeinsam gehören. Wir folgen dem Weg geradeaus. Vor uns in der Ferne sehen wir die (zurzeit) drei höchsten Gebäude der Schweiz: den Chrischona-Fernsehturm mit 251 m Höhe, die Roche-Türme Bau 1 mit 178 m und Bau 2 mit 205 m Höhe.

Wir kommen zum Stein 67, einem Sandstein, der schmal und abgerundet und schon recht verwittert ist. Der Baselstab ist fast vollständig von Flechten überwachsen. Am Waldrand voraus stehen zwei Sitzbänke und zwei Grenzsteine. Ein Gemeindegrenzstein, der Schönenbuch und Allschwil voneinander abgrenzt und der Landesgrenzstein 69 aus

Entlang einer tanzenden Landesgrenze

Sandstein mit der Originaljahreszahl 1745, der zerbrochen war und wieder geflickt wurde. Eine Ausnahme! Normalerweise wurden beschädigte Steine ersetzt.

Durch den Wald von Allschwil

Nun führt unser Weg dem Waldrand entlang zum schiefen Grenzstein 70. Weiter geht es vorbei an einem Zwischenstein ohne Nummer zum Stein 71 von 1745, der weit besser erhalten ist als die Nummer 69 aus dem gleichen Jahr. Der Baselstab als Relief ist noch sehr deutlich erkennbar. Die Grenze biegt nun rechts ab. Da es hier wieder keinen Weg direkt der Grenze entlang gibt, folgen wir dem Pfad geradeaus durch einen herrlichen Eichen-Buchen-Wald. Er mündet in einen breiten Weg, dem wir nach rechts bis zur Strasse folgen. Wir überqueren die Strasse schräg nach links und folgen ein Stück dem ausgeschilderten Wanderweg. Vorbei am Schuppen des Forstreviers Allschwil/Vorderes Leimental (mit geschnitztem Bären und Wildschwein) geht es auf asphaltiertem Weg leicht bergab, Richtung Chuestelli. Linker Hand gibt es hier eine Feuerstelle, die sich für eine Wanderpause anbietet. Nach einer grossen Waldlichtung führt der markierte Wanderweg rechts über den Neuwillerbach in den Wald hinein. Nach rund 100 m kommen wir zu einem Durchgang aus Holzlatten (Pferde- und Drahteselsperre) zu einer Wegkreuzung. Wir verlassen den markierten Weg und biegen rechts ab. Am Ende dieses Weges befindet sich ein weiterer Durchgang gleicher Bauart, den wir passieren und zu einem schmalen Pfad gelangen. Nun

Der altehrwürdige Stein Nr. 85

sind wir wieder direkt an der Landesgrenze. Wir folgen dem Pfad nach links hinauf, gehen vorbei an einem Zwischenstein und kommen zum Grenzstein 76. Es lohnt sich, den sehr schönen Baselstab auf diesem Stein zu bewundern! Wir folgen dem Pfad, gelangen zu einem weiteren Durchgang, kommen auf einen Asphaltweg und stehen in einem «Grenzschilderwald».

Im Grenzschilderwald

Wir überqueren das Strässchen nach links, gehen rechter Hand zwischen zwei Ruhebänken wieder in den Wald hinein, vorbei am Stein 77 von 1776, der bereits stark verwittert ist, dann immer geradeaus, erneut durch einen Durchgang auf eine Wiese zum Stein 78.

Grenzpfad mit eingesunkenem Stein

Jetzt auf Oberwiler Boden

Grenzbaum

Wir halten uns links, gehen am Waldrand entlang. Den Stein 79 sehen wir etwas entfernt rechts oben im Feld stehen. Wenn es sehr nass ist, kann man auch auf den parallel verlaufenden Weg im Wald ausweichen. Wir treffen auf einen asphaltierten Wanderweg, dem wir nach rechts folgen. Rechts am Wegesrand passieren wir den kleinen Grenzstein 80. Fast hätten wir ihn übersehen! Der Baselstab ist noch gut erkennbar.

Der Stein 81 dagegen ist kaum zu übersehen, ein Granitklotz von 1909. Der ausgeschilderte Wanderweg führt hier links in den Wald. Wir aber bleiben auf dem asphaltierten Fahrweg und geniessen die Herbstsonne. Wir wandern weiter dem Waldrand entlang und begegnen zwei «Zeitgenossen», den Grenzsteinen 82 und 83. Nach dem fast ganz versunkenen Stein 84 treffen wir wieder auf einen schönen Sandstein 85.
Weiter geht es der Grenze entlang Richtung «Biel». Die Bezeichnung auf dem Wegweiser erinnert an die Zeit, als Biel und Benken zwei verschiedene Dörfer waren (bis 1972). Wir kommen zu einem Gedenkstein, der nicht auf der Karte verzeichnet ist und auch keine Nummer trägt. Er wurde zur 900-Jahr-Feier der Gemeinde Oberwil 2003 gesetzt und markiert sowohl die Gemeindegrenze zu Neuwiller als auch die Landesgrenze CH-F. Wir folgen dem Grenzverlauf weiter, immer geradeaus, zwischen Waldrand und Weihnachtsbaumschule, vorbei am Grenzstein 87 zur Nummer 88 von 1924. Weiter geht es dem Waldrand entlang. Der Landesgrenzstein 89, wieder ein alter Sandstein, auf dem die Jahreszahl nicht mehr lesbar ist, ist zum

Lebensraum für Flechten und Moose geworden. Wir bewundern ein Gesamtkunstwerk!

Wir folgen dem markierten Weg in den Wald hinein, vorbei an Stein 90 (und einem weiteren, nicht nummerierten Zwischenstein) zum letzten dieser Wanderung, dem wunderschönen Dreieckstein 91 aus dem Jahre 1739, zugleich der älteste Stein auf dieser Wanderung. Er zeigt zwei unterschiedliche Baselstäbe und markiert als Landesgrenzstein auch die Gemeindegrenzen zwischen Oberwil, Biel-Benken und Neuwiller. Das ist gut erkennbar an den vier Kerben auf der Oberseite des Steins.

Wir verlassen die Landesgrenze hier und folgen dem ausgeschilderten Weg (Stäpfeliweg) hinunter nach Biel-Benken. Wer vor der Rückfahrt noch Zeit und Lust hat, kann in Biel-Benken einen Abstecher in «Zihlmanns Hofladen» machen oder im gleichnamigen Restaurant einkehren. Die Bushaltestelle befindet sich direkt vor dem Restaurant.

Flechten auf Grenzsteinen

Flechten bewohnen und verzaubern Grenzsteine mit ihren Farben und Formen. Auf Granitsteinen wachsen grüngelbe, auf Kalksteinen gelbe und orangegelbe Flechten. Viele der etwa 2000 Flechtenarten in Europa wachsen nur wenige Millimeter im Jahr, dafür so regelmässig, dass sie zu Altersbestimmungen taugen. Flechten können, wie sonst kein Lebewesen, mehrere hundert Jahre alt werden. Sie sind so empfindlich, dass sie die Luftqualität zuverlässig anzeigen. Wer sich für Flechten Zeit nimmt, lernt spektakuläre und mysteriöse Lebewesen kennen.

Rund um den Benkenspitz

Hinauf zur alten Bistumsgrenze
und hinüber zur schmalsten Stelle der Schweiz

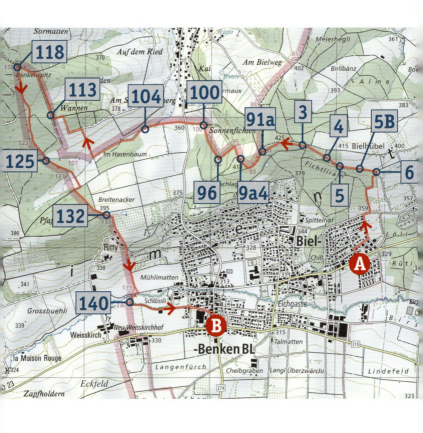

Anreise: Tram 10 Richtung Flüh/ Rodersdorf bis Haltestelle «Bottmingen Schloss», dann Bus 60 Richtung Biel-Benken Brücke, bis Haltestelle «Biel-Benken, Breite»

Distanz: 8 km, ↑225 m ↓240 m

Wanderzeit: 3 h

Karte: LK 1:25 000, Blatt 1066 Rodersdorf

Rückreise: Bus 60 Richtung Muttenz, bis Haltestelle «Bottmingen Schloss», dann Tram 10 Richtung Dornach nach Basel SBB.

Bemerkungen: Nach längeren Regenperioden ist die Wanderung nicht zu empfehlen (sehr schlammig und rutschig). Auch im Sommer werden dringend lange Hosen empfohlen (wegen einiger Trampelpfade mit vielen Brennnesseln)! Einige Abschnitte des Wegs sind nicht auf der Schweizer Landeskarte eingezeichnet, im Gelände aber vorhanden. In der vegetationsarmen Jahreszeit kann man dem Grenzverlauf fast überall direkt folgen.

Einkehren: Biel-Benken

Hinauf zur alten Bistumsgrenze

Von der Bushaltestelle gehen wir ein paar Schritte zurück und biegen links in den Rüttigrabenweg ein. Bei der ersten Möglichkeit gehen wir rechts (In der Rütti), dann links den Bienenweg hinauf. An dessen Ende biegen wir zuerst rechts und sogleich wieder links ab, in einen Feldweg Richtung Wald hinauf. Ein lauschiger Pfad führt uns in den Wald hinein. Bei der ersten Verzweigung halten wir uns rechts, bei der zweiten ebenfalls. Wir erreichen den Waldrand und steigen auf dem Fahrweg ein paar Schritte links hinauf. Hier steht der erste Grenzstein unserer Wanderung, ein alter Bischofsstein mit dem Wappen des Fürstbischofs von Ramstein von 1647 und der Nummer 6. Die Orientierungstafel weist uns auf die nun folgenden historischen Grenzsteine hin, die einmal die Landesgrenze zwischen dem eidgenössischen Ort Basel und dem Fürstbistum Basel bildeten. Heute ist es die Gemeindegrenze zwischen Biel-Benken und Oberwil. Wir folgen dem Weg am Waldrand entlang (er ist nicht auf der Landeskarte verzeichnet, folgt aber genau der Gemeindegrenze, eine gestrichelte hellrote Linie). Die nächsten beiden Steine stehen etwas unterhalb der Geländekante im Wald. Vom Weg oben sind sie praktisch nicht sichtbar. Deshalb biegen wir nach etwa 30 m links auf einen Trampelpfad ab, der ein paar Schritte steil in den Wald hinunterführt. Diesem folgen wir, halten uns aber rechts und gehen parallel zum Waldrand dem Hang entlang, vorbei an einem ersten, wenig spektakulären Stein mit der Nummer 5C. Hier verliert sich der Pfad ein wenig in den Nesseln. Wir gehen weiter geradeaus, über eine kleine Kuppe, immer der Hangkante folgend, bis der Pfad wieder erkennbar wird und wir zum Stein mit der Nummer 5B kommen. Dieser aussergewöhnliche Stein zeigt das Vierfelderwappen des Fürstbischofs Simon Nikolaus von Monjoie (1747). Dies ist der einzige noch existierende Stein dieses Bischofs, der hier an der ehemaligen Bistumsgrenze steht (ein weiterer befindet sich beim Heimatmuseum Reinach). Der Trampelpfad führt uns noch ein Stück weiter geradeaus. Bei der nächsten Möglichkeit gehen wir rechts steil hinauf, zurück auf den Pfad am Waldrand. Diesem folgen wir nach links bis zum Ende der Wiese und in den Wald hinein. Wir

Einst Landesgrenze, heute Gemeindegrenze

Rund um den Benkenspitz

Wappen des Fürstbischofs
Blarer von Wartensee

gehen geradeaus (nicht links hinunter). Der Pfad ist weder ausgeschildert noch markiert, aber gut erkennbar und lauschig. Wir erreichen bald den nächsten Bistumsstein, die Nummer 5. Dieser trägt das Wappen des Fürstbischofs Jakob Christoph Blarer von Wartensee, den Bischofsstab und einen Hahn (ca. 1600 gesetzt).

Wir halten uns bei der Verzweigung rechts und kommen zu einem weiteren Stein mit dem Blarer-Wappen (4). Der Hahn steht hier stolz und zufrieden, so scheint es uns. Nach

Ein Stein und sein Wein

Wir entdecken manchmal alte, vergessene Grenzsteine und werden inspiriert, den Geschichten dieser Steine nachzugehen. Wir hören von Menschen wie Jakob Christoph Blarer von Wartensee, der mit dem Hahn auf den Bischofssteinen. Wir beginnen zu ahnen, dass die Welt, so wie wir sie kennen, oft eine ganz andere war. Wir leben in einem durch Jahrhunderte gewachsenen Geflecht von Geschichten, die weitergehen. Hie und da fällt das auf: So finden wir im «Tschäpperli» seit 1619 das Weingut der Familie von Blarer. Ihre Geschichte und ihre Weine finden Sie auf tschaepperliweine.ch. Und eben vernehmen wir (16. Juni 2021), dass die beiden Basel zum ersten Mal ihre Staatsweine gemeinsam gekürt haben. Der Pinot Gris vom Tschäpperli, ein von Blarer-Wein ist staatsverbindend dabei.

dem unscheinbaren Stein (3A) überqueren wir einen breiten Weg und sehen gegenüber den Stein 3, ebenfalls mit Hahn und Baselstab. Wir folgen dem Pfad weiter geradeaus. Nach zwei weiteren Zwischensteinen kommen wir zum letzten Bistumsstein, einem stark verwitterten kleinen Stein, auf dem nur noch knapp die Nummer 2 erkennbar ist. Kurz darauf erreichen wir auf der Höhe die Landesgrenze.

Auf schmalen Pfaden zum Benkenspitz

Wer die Wanderung 6 noch nicht gemacht hat, sollte hier kurz links abbiegen zum Landesgrenzstein 91, einem gut erhaltenen Dreieckstein von 1739, der sowohl die Landesgrenze als auch die ehemalige Bistumsgrenze und heutige Gemeindegrenze zwischen Biel-Benken und Oberwil markiert. Wir gehen zurück auf den Weg, auf dem wir gekommen sind, und biegen beim Wegweiser Neuwiller/Biel nach links ab, dann aber geradeaus und nicht links hinunter nach Biel.
Nach einem Zwischenstein beim Wegschild «Gwidemweg» kommen wir zu den mächtigen Steinen 92 und 93 (1890). Beim Stein 93 heisst es aufpassen: Ein breiter Weg führt geradeaus, wir aber biegen rechts auf einen Pfad ein, der uns zum Stein 94 bringt – wir sehen ihn schon von Weitem. Der Baselstab wurde hier entfernt und mit einem «S» ersetzt, eine Praxis, die auf

Baselstab mit Moosfrisur

Grenzsteinidylle

Schweizer Seite selten zu beobachten ist. Der Stein trägt zwei Jahreszahlen: Das Originaldatum von 1745 und das nachträglich eingravierte Datum 1816. Viele der Landesgrenzsteine wurden nach dem Wiener Kongress so nachbearbeitet. Im Benkenspitz tragen die meisten Steine das Datum 1816.

Wir kreuzen bald einen breiten Weg und gehen weiter geradeaus am Waldrand entlang. Der Grenzstein 95 ist schon halb im Boden versunken. Wir folgen der Kerbe (Weisung) auf dem Stein und gehen nach links in den Wald hinein. Der Pfad schlängelt sich hier fröhlich, wenn auch stellenweise sumpfig, durch den Wald und führt uns zu einem weiteren Dreieckstein (96), der hier allerdings nur die Landesgrenze Schweiz-Frankreich bezeichnet. Wieder orientieren wir uns an der Weisung auf dem Stein und biegen rechts ab auf einem schmalen Pfad. Wir kommen zum Stein 97, der einen hübschen Baselstab trägt. Wir gehen weiter geradeaus, vorbei an den Steinen 98 und 99, nun schon ausserhalb des Waldes, und kommen zum Grenzstein 100. Dieser zeigt einen der selteneren nach rechts gebogenen Baselstäbe. Wir folgen dem Grenzverlauf, biegen links ab und gehen hinunter zur Strasse. Hier steht rechts am Strassenrand ein verwitterter Stein, der ebenfalls die Nummer 100 trägt. Das «A», das ihn als Zwischenstein erkennbar machen müsste, ist nicht mehr sichtbar. Wer Nesseln und Dornen nicht scheut, überquert hier die Strasse und folgt der Weisung auf dem Stein. Wer dies nicht möchte oder aufgrund der Vegetations- oder Witterungsverhältnisse unsicher ist, kann der Strasse ein Stück nach links folgen, dann rechts abbiegen auf einen breiteren Weg und gelangt zwischen den Steinen 106 und 107 zurück zur Landesgrenze (siehe Karte dieser Wanderung). Wir aber gehen weiter geradeaus, auf einem Trampelpfad

Stein 104 – geflickt und frisch gestrichen

durchs Gras, vorbei an den Steinen 101 und 102. Wir überqueren einen Feldweg und kommen an ein Bächlein und zum Stein 103. Der Landesgrenzstein 104 ist eine Besonderheit: Der Stein steht im Bachbett und wird mit einem Metallring zusammengehalten! Auch zeigt er ein weisses Schweizerkreuz auf rotem Untergrund. Der Pfad führt weiter wildromantisch am Neuwilbächli entlang. Über einen schmalen Steg gelangt man zur «Froschlaube», einem überdachten Picknickplatz, der sich für eine Wanderpause anbietet.

Zurück auf dem Pfad passieren wir den Stein 105, der uns von der andern Seite des Bachs zulächelt. Wir folgen weiter dem Pfad am Bach entlang, vorbei am Stein 106, der sich als Granitstein deutlich von seinen Vorgängern unterscheidet. Hier geht die Grenze geradeaus weiter. Im Winter kann man den Steinen weiter nachgehen. Aber jetzt im Mai müssen wir einen kleinen Umweg machen: Beim nächsten Querweg gehen wir nach rechts, steigen hinauf zum Waldrand, folgen dem Weg nach links um den Wald herum und biegen oben angekommen wieder nach links ab zurück zur Grenze.

Stalins Pfeife

Solche «Zipfel» wie der Benkenspitz, die ins Nachbarland ragen, gibt es nicht nur an der Schweizer Grenze. Über ihre Entstehung werden viele Geschichten erzählt. Eine davon ist besonders anregend: Die litauische Ortschaft Dieveniškes liegt in einem Landzipfel, der 25 km weit nach Weissrussland hineinragt. Als 1939 die Grenzen in Osteuropa neu gezogen wurden, mussten auch die Grenzen innerhalb der damaligen Sowjetunion neu eingezeichnet werden. Als die Karte auf dem Tisch ausgebreitet lag und der Kartograf seine Arbeit begann, lag Stalins Pfeife auf der Karte. Da sich niemand getraute, etwas zu sagen, wurde die Grenze einfach um die Pfeife herum gezeichnet (aus: Grenzen erzählen Geschichten. Was Landkarten offenbaren. David Signer, Hrsg., Ed. 2 2016, Verlag NZZ).

Einmal um den Benkenspitz

Nun befinden wir uns auf dem Pfad, der uns nach rechts um den kleinen Zipfel, den Benkenspitz, herumführt. Wir kommen zum Grenzstein 113, einem gut erhaltenen Exemplar mit einem wunderschönen Baselstab! Weiter geht es geradeaus, vorbei an den Steinen 115–117. Bei Nässe ist der Weg hier anspruchsvoll zu begehen und die vielen Reifenspuren und Hufabdrücke tragen nicht zur Wegqualität bei. Beim Grenzstein 118 von 1745 erreichen wir den äussersten Punkt des Benkenspitzes. Dieser Stein zeigt einen originellen Baselstab: Fast scheint es, er tanze und trage dabei ein Röcklein!

Tanzt er?

Nun folgen wir dem Weg zurück auf der anderen Seite des Benkenspitzes. Beim Grenzstein 119 von 1857 ist der mächtige Sockel im Boden gut sichtbar. Nach dem verwitterten Stein 120 ist der alte Grenzpfad leider zugewachsen. Der neue Weg umgeht die nächsten drei Grenzsteine. Nummer 121 von 1728 zeigt einen sehr schönen Baselstab. Darum empfehlen wir einen kleinen **Abstecher** nach rechts in den Wald. Der nächste Stein am Weg ist die Nummer 124. Wir kommen aus dem Wald und kurz nach dem Stein 125 zur engsten Stelle der Schweiz: genau 62 Meter breit ist hier unser Land! Im Winter kann man den Stein 108 gegenüber erkennen. Beim Stein 126 verlässt der Weg die Grenze. Die 127 steht rechts im Wald, die 128 dann mitten in einem Feld.

Wir biegen nun rechts ab zum Stein 129. Wieder folgen wir direkt dem Grenzverlauf und biegen links ab. Auch dieses Wegstück ist auf der Landeskarte nicht eingezeichnet. Der Pfad führt uns vorbei an den Nummern 130 und 131.

Wir kommen zurück auf den «offiziellen» Weg, der uns zum Stein mit der Nummer 132 bringt. Auf dem «Gränz-Bänkli», das uns hier erwartet, legen wir eine letzte kleine Pause ein und geniessen die herrliche Aussicht, bevor wir mit dem steilen Abstieg zum Birsig hinunter und zurück nach Biel-Benken beginnen.

Abstieg entlang der Reben

Der folgende Abstieg sollte nur bei trockenem Wetter begangen werden (er ist recht steil). Bei nassen Verhältnissen empfehlen wir eine Umgehung (siehe Variante am Ende der Beschreibung). Wir folgen dem Waldrand nach rechts und dann einem Pfad entlang der Obstplantage zum Stein 133, der eine auffällige «Flechten-Einfärbung» aufweist. Weiter geht es, steil den Reben entlang hinunter über eine Treppe, vorbei an den Steinen 134–138. Beim

Die engste Stelle der Schweiz

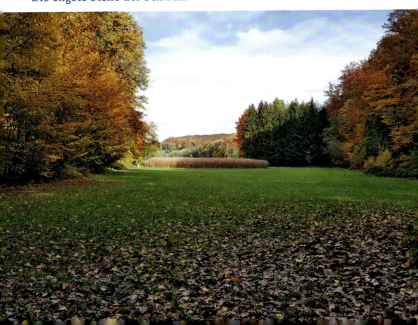

Stein 139 erreichen wir den Birsig, den wir über ein Brücklein queren und kommen nun zum letzten Grenzstein dieser Wanderung, der Nummer 140. Ab hier verläuft die Grenze gerade bis zum Zollhaus an der Strasse Biel-Benken–Leymen. Die nächsten beiden Steine sind im Acker vor uns erkennbar (je nach Vegetationsstand).

Wir biegen hier nach links ab und folgen dem kleinen Bächlein zurück ins Dorf. Durchs Schulgässlein kommen wir an die Kirchgasse und zur Haltestelle des Busses Nr. 60. Wer noch Zeit und Lust hat, kann sich an der Mauer beim Haupteingang in den Kirchhof noch einige historische Grenzsteine anschauen.

Variante ab Stein 132 bei nassem oder eisigem Wetter: Dem breiten Weg nach links folgen, der oberhalb der Reben und einer Obstbaumplantage entlangführt, bis zur Strasse. Weiter geradeaus, leicht aufwärts durch den Wald, bis ein schmaler Weg nach rechts abzweigt. Dieser führt in gerader Linie nach Biel-Benken hinunter zur Hauptstrasse (am besten nach rechts gehen zur Haltestelle «Brücke», Endstation der Linie 60). Wer Zeit und Lust hat, kann auch zurück zur Haltestelle «Dorf» wandern (der Strasse nach links folgen) und dort im Hofladen Zihlmann noch ein feines Znacht einkaufen.

Gränz-Bänkli in Biel-Benken

Durchs Leimental zur Landskron

Von Biel-Benken nach Flüh über den Landskronberg

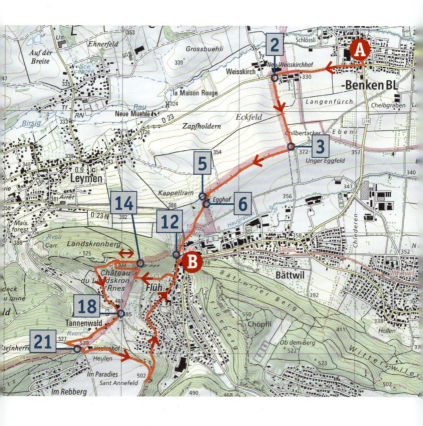

Anreise: Tram 10 Richtung Flüh/Rodersdorf bis Haltestelle «Bottmingen Schloss», dann Bus 60 Richtung Biel-Benken Brücke bis Haltestelle «Biel-Benken, Kirchgasse»

Distanz: 8 km, ↑360 m ↓300 m

Dauer: 3 h

Karte: LK 1:25 000, Blatt 1067 Arlesheim

Rückreise: Tram 10 Richtung Dornach nach Basel SBB

Bemerkungen: Steiler Aufstieg ohne Schatten in Flüh. An heissen Sommertagen empfehlen wir den Vormittag. Der Grenzstein beim Heulenhof steht auf Privatgelände. Bitte nicht betreten! Die Landskron ist wegen der herrlichen Rundsicht einen Besuch wert. Planen Sie eine halbe Stunde zusätzlich ein für die Erkundung der Burg und den Abstecher zum Grenzstein 14.
An schönen Sonntagen sind viele Besucher*innen zu erwarten (Landskron und rund um Mariastein). Die Wanderung kann mit Wanderung 9 verbunden werden (beim Heulenhof).

Einkehren: Biel-Benken, Flüh

Hinaus an die Grenze

Um zur Grenze zu gelangen, müssen wir von der Bushaltestelle ein Stück zurück und biegen dann rechts in die Leymenstrasse. Dieser folgen wir hinaus aus dem Dorf nach Westen, bis zur Grenze (das linke Trottoir ist durchgehend). Nach dem verwaisten Zoll treffen wir links auf den ersten Landesgrenzstein dieser Wanderung. Er hat zwei Nummern (alle älteren Steine auf dieser Wanderung tragen eine Doppelnummerierung: einmal die alte Solothurner Nummer 140, zusammen mit dem Solothurner Wappen, und auf der Seite die Nummer 2 (die heute gültige Nummerierung, auf die wir uns beziehen). Auf der französischen Seite sieht man nur noch einen leeren Wappenrahmen. Normalerweise steht im leeren Wappen ein «F»; auf diesem Sandstein ist es auf einer Seite eingemeisselt.

«Panoramaweg» Leimental

Wir folgen dem Grenzverlauf nach links und gehen nun auf dem «Totenweg». Während vieler Menschenleben, rund tausend Jahre lang bis Ende des 18. Jahrhunderts, begleiteten Menschen hier die Verstorbenen auf ihrem letzten Weg zur ältesten und damals einzigen Kirche des oberen Leimentals, der Martinskirche von Weisskirch (Wysschilch). Sie stand gleich nach dem Zoll auf Leymener Boden und wurde 1819 abgebrochen. Heute befindet sich an ihrer Stelle ein Reiterhof. Wir kommen an vier kleinen Zwischensteinen vorbei. Beim Steinkreuz steht der Stein 3, bei dem wir nach rechts abbiegen, vorbei an zwei weiteren Zwischensteinen zum Grenzstein 4, beides ältere und etwas verwitterte Steine. Wir befinden uns nun auf einer Anhöhe, in der Mitte des Leimentals. Linker Hand liegen Bättwil und Flüh, voraus die Landskron und Rechter Hand Leymen.

Nach drei weiteren Zwischensteinen verzweigt sich der Weg bei einem Bauernhof, dem Egghof. Ein Blick auf die Karte erklärt den Namen: der Hof steht genau in einer Ecke der Landesgrenze. Wir werden hier dem linken Weg folgen. Zuerst aber machen wir einen Abstecher zum Grenzstein 5. Er steht auf der rechten Seite hinter dem Haus, kurz vor der grossen Pappel. Die Kerben auf dem Stein sind fast nicht mehr

Auf der Napoleonstrasse Richtung Flüh

Durchs Leimental zur Landskron

Grenzstein 140 / 2 Solothurn-F
Alles in rot-weiss

sichtbar. Wir gehen zurück und weiter auf dem asphaltierten Weg durch den Egghof. Hinter den Hofgebäuden auf der linken Seite steht ein mächtiger Kalkstein, die Nummer 6. Eine Besonderheit: Er wird begleitet vom vermutlich ursprünglichen kleinen Sandstein, auf dem man ebenfalls die 6 erkennen kann.

Die nächsten Grenzsteine stehen im Wiesland und sind nur im Winter zugänglich, weshalb wir einen Umweg machen. Auf der Karte erkennt man hier einen eigenartigen Verlauf der Grenze: sie führt bis hinunter zum Bach und dann wieder zurück. Wir erfahren, dass neben dem Egghof einst ein französischer Bauernhof stand. Damit dieser mit seinen Tieren Zugang zum Wasser hatte, wurde ein kleiner Schlenker in die Grundstücksgrenze eingebaut, lange bevor es die Schweiz als Bundesstaat gab. Aus einem alten Gewohnheitsrecht wurde so ein Zipfel in der Landesgrenze.

Wir schlängeln nun ein Stück durch Frankreich und kommen beim Grenzstein 10, kurz vor einer Obstbaumplantage, wieder zurück zur Grenze. Zwischen den Hauptgrenzsteinen 10 und 11 gibt es sechs Zwischensteine, alle mit Datum 1951, viele schon etwas «angeschlagen» durch landwirtschaftliche Aktivitäten.

Grenzstein in guter Nachbarschaft

Flüh und die Landskron

Wir kommen nach Flüh, noch bis Ende 19. Jahrhundert ein armes Bauerndorf. Der Aufschwung kam 1888, als eine Bahnlinie zwischen Rodersdorf und Basel gebaut wurde. Das erlaubte den Menschen, in der Stadt zu arbeiten und brachte Ausflügler aus der Stadt ins Leimental. Seit 1974 fährt das gelbe Tram der BLT auf dieser Strecke und ersetzt die blau-weissen Züge der Birsigtalbahn, die einst beim Bahnhof Heuwaage in Basel ihre Endstation hatte.

Kurz vor dem Tramübergang befindet sich links am Boden eine Grenzmarke aus Metall, die den Stein 10.5 ersetzt. Ein Stück weiter steht links des Tramgeleises der Stein 10.6. Auf der anderen Strassenseite sehen wir Stein 11. Wir überqueren die Geleise und gehen vorbei am Stein 11.1 (beim Ortschild) und an der Tramschlaufe, die einen kleinen Garten beheimatet. Beim Haus mit der Nummer 1 steht der Grenzstein 12, rechts der Strasse, einbetoniert vor einem Coiffeursalon, wie frisch frisiert! Hier biegt die Landesgrenze rechtwinklig ab, den steilen Landskronberg hinauf. Wir können ihr nicht direkt folgen und machen einen kleinen Umweg. Wir wandern geradeaus durchs Dorf. Nach rund

Grenzstein 6 mit Vorgänger

Wo kommt bloss der Schuh her?

Sommer-Grenzstein-Entdeckung

150 m (bei der Hausnummer 18) zweigt rechts das «Grenzwächter-Wägli» ab, markiert mit dem Schild der Solothurner Waldwanderung, der wir nun eine Weile folgen. Steil geht es hinauf, vorbei an grossen Obstbäumen. Etwa auf halber Höhe freuen wir uns über eine Ruhebank. Weiter geht es nun entlang der Landskronreben. An einem schönen Sommertag wie heute eine

Nächster Ort: Landesgrenze

Die Neuvermessung der Schweiz

Anfangs der 1950er-Jahre begann die Neuvermessung der Schweiz. In diesem Zusammenhang wurden an der Landesgrenze zwischen den bestehenden Grenzsteinen viele neue Zwischensteine gesetzt. Bis dahin gab es den Topographischen Atlas der Schweiz (Siegfriedkarte), dessen Kartenblätter 1870–1926 erschienen waren. 1952 erschien das erste Blatt der neuen Landeskarte der Schweiz 1:25 000, witzigerweise mit dem Namen der französischen Stadt Montbéliard (auf diesem Kartenblatt ist nur ein winziges Stück der äussersten Nordwestecke der Schweiz). Es dauerte bis 1979, bis alle 247 Kartenblätter der neuen Landeskarte erschienen waren. Im Sieben-Jahres-Rhythmus werden die Karten seither überarbeitet.

Felswandgrenze

schweisstreibende Sache! Oben angekommen biegt der Pfad nach rechts ab. Wenn das Gras nicht zu hoch steht, kann man hier einen **Abstecher** nach links zum Grenzstein 16 (bzw. 126) machen. Er steht gleich nach dem Rebenhäuschen rechts in der Hecke.

Wir folgen dem Pfad hinauf in den Wald und an den Fuss der Felsen. Auf der Felswand vor uns ist die Landesgrenze mit Farbe und einem Metallbolzen markiert – es wäre der Grenzstein 15. Die Grenze steigt hier

Imposante Burg Landskron

gerade über den Felsen hinauf. Wir machen deshalb wieder einen kleinen, aber lohnenden Umweg über die Ruine Landskron. Kurz bevor wir aus dem Wald hinaus auf das Areal der Burg kommen, steht links im Wald ein alter Grenzstein ohne Nummer, mit einem «R». Er markiert den ehemaligen Besitz der Herren Reich von Reichenstein, denen die Landskron im 15. Jahrhundert zufiel. Vom höchsten Turm der Burg hat man einen herrlichen Rundblick über den Sundgau und die Basler Agglomeration.

Die Landskron – Landmarke im Leimental

Die Burg Landskron ist eine wichtige Landmarke im Leimental. Sie ist von weither sichtbar und thront auf dem höchsten Punkt des Landskronberges. Im 12. Jahrhundert von Basler Bischöfen erbaut, wurde sie im 16. Jahrhundert zu einem Schloss ausgebaut. Um die Wasserversorgung zu gewährleisten, musste ein 60 Meter tiefer Brunnen bis ins Grundwasser hinunter ausgehoben werden. 1648 wurde die Landskron französisch und in der Folge vom berühmten Festungsbauer Vauban (der auch die Festung Huningue plante), zur Festung ausgebaut. 1813 wurde die Burg von den gegen Napoleon Verbündeten beschossen und zerstört. Heute unterhält der binationale Verein Pro Landskron die Burgruine.

Grenzstein an aussichtsreicher Lage

Hier empfehlen wir einen Abstecher zum Grenzstein 14, der an spektakulärer Lage steht: Hinter der Burg führt rechts ein nicht markierter Pfad in den Wald (in der Nähe der Metalltreppe), der vorbei an Überresten weiterer Befestigungsanlagen zum Ende eines Felsgrats führt. Ein wahrhaft aussichtsreicher Standort für den Grenzstein! Die Grenze kommt hier von Flüh her steil den Berg herauf.

Wir gehen auf dem gleichen Weg zurück, hinter der Burg vorbei und folgen dem Strässchen in einer eleganten Kurve hinunter zum schmucken Weiler Tannenwald. Bald kommen wir zu einem Grenzschild und zurück zur Landesgrenze. Hier steht linker Hand mächtig, grau und streng mit roten Inschriften Stein 18. Im Winter sind die Grenzsteine in der Wiese bis zurück zur Landskron von hier aus zu sehen.

Hoch über Mariastein

Wir folgen nun wieder der Solothurner Waldwanderung nach rechts, vorbei am Stein 18/1. Hier biegt die Grenze nach links ab, wir aber gehen ein Stück Richtung Westen, hoch über dem Tal, biegen der Markierung folgend bald nach links ab, hinauf zum Heulenhof, und kommen zurück an die Landesgrenze. Der Grenzstein 20 steht links im Privatareal des Bauernhofes (bitte nicht betreten). Wir machen dafür nochmals einen kleinen Abstecher zu zwei Grenz-

Durchs Leimental zur Landskron

Blick zurück zur Landskron

und Hofstetten-Mariastein. Kurz nach dem Heulenhof biegen wir links ab und gehen auf dem Kamm oberhalb von Mariastein zur Sankt Anna Kapelle, die 1691 erbaut wurde und früher am St. Anna-Tag (26. Juli) mit einer grossen Prozession besucht wurde. Am jetzt folgenden Kreuzweg stehen viele Ruhebänke, es gibt Picknickplätze und Grillstellen. An einem sonnigen Sonntag wie heute gibt es allerdings kaum einen freien Platz. Am Ende des Kreuzweges kommen wir zu einer Abzweigung. Hier führt ein asphaltiertes Strässchen links hinunter nach Flüh und zur Tramstation der Linie 10. Mariastein werden wir bei unserer nächsten Wanderung besuchen.

steinen. Die Solothurner Waldwanderung führt nach dem blauen Hydranten rechts in den Wald. Nach ein paar Schritten zweigt rechts ein Trampelpfad ab (jetzt im Sommer ist er fast zugewachsen). Oben rechts steht die 21, ein alter mächtiger Stein. Die Nummer 22 steht ganz in der Nähe. Nach dem Abstecher zu den beiden Steinen verlassen wir die Landesgrenze für heute. Wir gehen zurück zum Heulenhof.

Wer möchte, kann hier nach Mariastein hinunter abkürzen und mit dem Bus 69 nach Flüh fahren. Wir aber wandern zurück nach Flüh, entlang der Gemeindegrenze von Flüh

Viele Wegweiser verwirren den Weg ...

Über den Geissberg

Von Mariastein auf Grenzpfaden
über Biederthal nach Rodersdorf

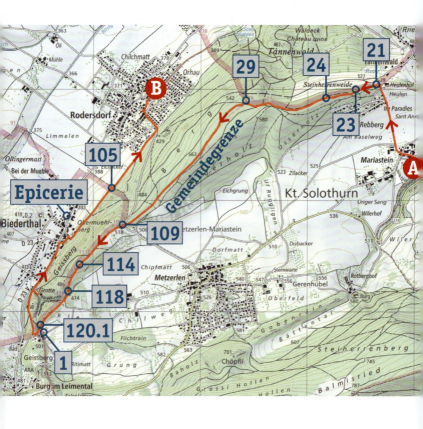

Anreise: Tram 10 Richtung Flüh/Rodersdorf bis Haltestelle «Flüh Bahnhof», dann Bus 69 Richtung Burg i.L. bis Haltestelle «Mariastein Klosterplatz» (ÖV-Fahrplan konsultieren!)

Distanz: 9 km, ↑240 m ↓365 m

Dauer: 3 h

Karte: LK 1:25 000, Blatt 1066 Rodersdorf

Rückreise: Ab Rodersdorf Tram 10 nach Basel SBB

Bemerkungen: Der Grenzstein beim Heulenhof steht auf Privatgelände. Bitte nicht betreten! Wer gerne Ziegenkäse oder -joghurt mag, sollte ein bisschen Kleingeld (Franken oder Euro) mitnehmen für den Hofladen in Biederthal.

Einkehren: Mariastein, Biederthal (nur am Wochenende) und Rodersdorf

Hinauf zum Heulenhof

In Mariastein steigen wir auf dem Klosterplatz aus dem Bus. Das Kloster Mariastein ist ein bedeutender Wallfahrtsort. Die Kirche und die Gnadenkapelle, eine Felsengrotte unter der Kirche, können besichtigt werden. Von der Haltestelle aus gehen wir ein paar Schritte zurück bis zu den Wegweisern an der Strassenkreuzung. Wir folgen dem Weg Richtung Rodersdorf. Aus dem Dorf hinaus durchqueren wir eine Senke und kommen zu den ehemaligen Rebhängen des Klosters, heute bebaut mit Einfamilienhäusern. Am Ende der Strasse (bei der Recyclingstation) steigen wir geradeaus den Hang hinauf. Beim Bauernhof, dem Heulenhof, eröffnet sich uns ein weiter Rundblick auf die Landskron, das Sundgauer Hügelland und die Stadt Basel. In der Einfahrt des Bauernhauses sehen wir einen ersten Grenzstein, der aber auf Privatgrund steht und deshalb nur aus der Ferne betrachtet werden kann.

Zum ersten Landesgrenzstein

Auf dem Weg nach Flüh

Hier oben ist die Solothurner Waldwanderung ausgeschildert. Beim blauen Hydranten steigen wir in den Wald hinauf. Nach ein paar Schritten zweigt ein schmaler Pfad nach rechts ab, hinauf auf den Grat (im Sommer ziemlich zugewachsen). Rechter Hand steht der Landesgrenzstein 21 von 1817, ein Kalkstein mit rot nachgezeichnetem Solothurner Wappen und einem «F»

Blick auf Mariastein

auf französischer Seite. Wir orientieren uns an der Kerbe, der Weisung auf dem Stein. In der vegetationsarmen Jahreszeit ist der Stein 22 von hier aus bereits zu sehen.

Wir folgen nun dem schmalen, jetzt im Juni etwas zugewachsenen Pfad vorbei an zwei Zwischensteinen 22.1 und 22.2. Bald stehen wir vor einem kleinen Abgrund. Wer in der vegetationsarmen Zeit wandert, kann gegenüber den nächsten Grenzstein schon erkennen. Wir gehen rechts von Stein 22.2 einen Pfad durch die Mulde und gelangen so zum Stein 23, der etwas rechts des Pfads steht: ein hübscher kleiner Kalkstein, der zwei Nummern, 23 und 119 und zwei Jahreszahlen, 1771 und 1817, trägt.

Solothurner Wappen-Variante I

An einer natürlichen Grenze entlang

Der Grenzverlauf folgt jetzt einer natürlichen Grenze, dem schmalen Bergrücken. Vorbei an vier Zwischensteinen (alle von 1951) kommen wir zum Stein 24, einem mächtig grossen Exemplar aus Granit von 1912. Er steht an exponierter Lage: Nach Frankreich geht es hier steil die Felsen hinunter.

Weiter geht es, vorbei am Zwischenstein 24.1 zur Nummer 25, ein wunderschöner Kalkstein von 1771. Weg und Wald bezaubern uns! Vorbei an drei Zwischensteinen (bei der Verzweigung rechts halten) entdecken wir den Stein 26, der etwas versteckt rechts vom Weg steht.

Bei Nummer 26.1 treffen wir auf einen breiten Waldweg, dem wir nach rechts folgen. Der alte Grenzpfad ist hier zugewachsen und kaum noch erkennbar. Bei der nächsten Verzweigung gehen wir rechts Richtung Rodersdorf. Hier steht ein Metallkreuz, die Station 14 eines alten Kreuzweges nach Mariastein. Vorbei am Zwischenstein 27.1, der rechts des Weges steht, kommen wir wieder an eine Verzweigung. Wir nehmen

Ein grosses Exemplar!

ze und eine zweite für den Gemeindegrenzverlauf zwischen Rodersdorf und Metzerlen-Mariastein.

An der Gemeindegrenze entlang

Wir gehen zurück auf den breiten Weg, wenden uns nach rechts und biegen kurz vor einem weiteren Metallkreuz (Station XIII) links auf einen Pfad ein, der nicht ausgeschildert oder markiert ist. Er folgt der Gemeindegrenze zwischen Rodersdorf und Metzerlen-Mariastein. Der Pfad schlängelt sich durch den Wald mit prächtigen Bäumen. Der Rodersdorfer Zipfel (siehe Wanderung 10) ist entlang dieses Pfades an die Schweiz «angenäht». Wir fragen uns, warum die Landesgrenze nicht dieser direkten Linie der Gemeindegrenze folgt. Nach einer Weile stossen wir auf einen Gemeindegrenzstein. Er hat weder Nummer noch Jahreszahl, aber ebenfalls eine Kerbe, die den Grenzverlauf anzeigt. Bei der ersten Verzweigung nehmen wir den rechten Pfad. Wir begegnen einigen weiteren Gemeindegrenzsteinen.

Im Gegensatz zu den Landesgrenzsteinen sind Kantons- und Gemeindegrenzsteine nicht auf der Landeskarte 1:25 000 verzeichnet. Wir

den rechten Weg (Solothurner Waldwanderung) und finden rechts des Weges den fast ganz versunkenen Stein 28. Wenn viel Laub am Boden liegt, ist er praktisch unsichtbar! Zum nächsten Landesgrenzstein machen wir einen Abstecher: Etwa nach 100 Metern zweigt ein schmaler, mit einer grünen Raute markierter Pfad nach rechts ab. Dieser führt uns direkt zum Stein 29 mit der alten Nummer 113, ein Sandstein aus dem 18. Jahrhundert. Er zeigt zwei Weisungen: eine für die Landesgren-

Über den Geissberg

halten uns von nun an immer rechts, sanft bergab. Die nächsten beiden Grenzsteine sind zwar klein, aber massiv und schon recht verwittert. Wir kommen an eine Wegkreuzung, gehen weiter geradeaus und bald steil hinunter zur Strasse Rodersdorf–Metzerlen. Hier wird die Gemeindegrenze wieder zur Landesgrenze, markiert mit einem Gemeindegrenzstein und auf der anderen Strassenseite dem Landesgrenzstein 109.

Solothurner Wappen-Variante II

Grenzphilosophisches

Die Grenzsteine mit ihren Jahreszahlen und Symbolen aus mehreren Jahrhunderten erinnern uns, dass wir selbst Gewordene sind, in Geschichten verwoben, die lange vor uns angefangen haben. Und wie wenig wir darüber wissen. Wir selbst sind begrenzte Wesen. Wir gehen und schlängeln uns als Begrenzte den Grenzen nach; wir werden durch unser Grenzweg-Gehen zum Philosophieren inspiriert, kommen ins Nachdenken und Austauschen über unsere eigenen Grenzen. Seltsam, Grenzen werden oft negativ gesehen, als Hindernisse, als Einschränkung von Bewegungsfreiheit, als einengendes Ärgernis. Dabei liegt Weisheit darin, seine Limiten, seine Begrenzungen zu sehen. Als Begrenzte brauchen wir den Schutz von Grenzen.

Baum : Grenzstein 1:0

Über den Geissberg

Wir steigen eine Treppe mit etwas zu gross geratenen Stufen hinauf zum Geissberg, vorbei am Stein 109.1 und dann zum eleganten schlanken Stein 110.
Wir folgen dem Pfad auf dem Grat in der Nähe des Waldrandes geradeaus. Vorbei an den Steinen 111–113 erreichen wir beim Stein 114 den höchsten Punkt des Geissbergs. Der Stein 114.1 lässt die wechselvolle Geschichte des Elsass erahnen: Wer das «F» sorgfältig betrachtet und mit den Fingern nachfährt, kann das ehemalige «D» noch spüren. Die Steine an dieser Grenze haben etliche «Umarbeitungen» erfahren!
Jetzt geht es steil hinunter ins «Loch», wo uns Stein 115 empfängt. Bald stossen wir wieder auf das Schild der Solothurner Waldwanderung und eine Wegmarkierung mit einem roten Kringel, der wir hinunter zum Bach folgen. Wir überqueren den Bach, biegen auf einen breiten Weg nach rechts und nach ca. 30 m wieder rechts ab, der Wanderwegmarkierung nach auf einen Pfad dem Bach entlang. Hier steht rechts bei

Doppelnummer 32/110

der Verzweigung der Grenzstein 118, ein ganz spezieller massiver Stein mit eher rundlicher Form. Uns kommt spontan «dicker Brummer» in den Sinn. An der Verzweigung verlassen wir den Bach, gehen geradeaus und treffen bald auf Stein 119, das gleiche Modell wie 118. Wir gehen weiter am Bach entlang. Die nächsten Steine sind in Sicht, zwei Zwischensteine (119.1 und 2). Beim Stein 120 führt der Weg steil hinunter. Rechts vom Bach sehen wir in wildromantischer Umgebung in der Schlucht den Stein 120.1 von 1890. Ein Trampelpfad führt uns zu ihm.

Zurück auf dem Weg überqueren wir den Bach und steigen hinauf, vorbei an der Nummer 121. Hier verlassen wir die Solothurner Waldwanderung für den Moment und biegen links ab. Wir kommen zu einem Bauernhof, dem «Sternenhof», in der Gemeinde Burg im Leimental und zum Grenzstein mit der Nummer 1 (linker Hand). Was ist hier mit der Nummerierung passiert? Wir haben die Kantonsgrenze zwischen Solothurn und Baselland erreicht und überschritten. In jedem Kanton beginnt die Landesgrenzsteinnummerierung neu. Hier stehen wir bei der Nummer 1 des Kantons Basel-Landschaft.

Schicksalsgemeinschaft Elsass-Schweiz

Das Elsass und die Schweiz, insbesondere die Region Basel, sind seit Jahrhunderten bis heute, durch alle Turbulenzen hindurch, eng verflochten. Wer den vielfältigen Geschichten nachgeht, wird berührt, wie die Menschen in dieser Region immer wieder zueinander gefunden haben. Die gemeinsamen Grenzsteine sehen wir auch als Zeugen dieses beharrlichen Miteinanders. Auf ihnen findet man fast immer die Spuren einer wechselvollen Geschichte: Ausgehauene und oft neu eingemeisselte Zeichen, ein «F», hinter dem ab und zu noch die Spuren eines «D» sichtbar sind. Das Elsass gehörte entweder zu Deutschland oder zu Frankreich. Vier Wechsel der Staatszugehörigkeit, vier Umbrüche in den letzten 150 Jahren, und doch überdauerte die grenzüberschreitende Nachbarschaft.

Hinüberschlängeln nach Frankreich

Wir durchqueren den Bauernhof nach rechts und folgen dem Strässchen bis zum Stein 2. Hier lohnt sich ein kurzer Abstecher nach links, dem Strässchen folgend, vorbei an einem kleinen Stein, der nicht auf der Landesgrenze steht. Seine Funktion kennen wir nicht. Links oben in der Wiese steht der Landesgrenzstein 3, vor uns sehen wir den Schlossberg von Burg im Leimental. Wir gehen zurück, bis linker Hand die Solothurner Waldwanderung wieder markiert ist. Hier verlassen wir vorerst die Landesgrenze und schlängeln nach Frankreich hinüber. Wir folgen dem Pfad in den Wald, um gleich danach links auf den «Sentier circulaire» (Markierung roter Kringel) abzubiegen, hinunter nach Biederthal. Wo der Weg auf die Strasse trifft, zweigt nach rechts ein Weg ab, der ins «Kaibloch» führt. Hier haben zwei kleine Bäche Schluchten und Grotten in den Kalkstein gefressen. Bei trockener Witterung lohnt sich ein Abstecher in die Schlucht.

Wir schlendern nun der Strasse, der Rue de Burg, entlang nach Biederthal hinein. Nette alte Strassenlaternen begleiten uns. Kurz bevor wir die Hauptstrasse erreichen, steht rechts beim Haus mit der Nummer 3 ein Briefkasten, an dem der rote Kringel zu sehen ist. Ein Pfad führt rechts durchs Gras zwischen den Häusern hindurch und wir kommen oberhalb der Häuser zur Kirche von Biederthal.

Hier empfehlen wir einen Abstecher hinunter zur Hauptstrasse, um im Bistrot «Chez Mami Flo» einzukeh-

Epicerie du Geissberg in Biederthal

Blick Richtung Burg i.L.

ren (nur am Wochenende) oder bei der «Épicerie du Geissberg» ein paar Leckereien zu erstehen. Wenn der Hofladen nicht geöffnet hat, gibt es einen Kühlschrank zur Selbstbedienung und ein Kässeli. Das ehemalige Schloss von Biederthal (gleich gegenüber) beherbergt heute die Käserei, die den Bio-Ziegenkäse und das Joghurt herstellt.

Zurück bei der Kirche folgen wir weiter der französischen Wegmarkierung, hinter der Kirche vorbei und dann oberhalb des Dorfes durch den Wald. Am Waldrand steht eine Ruhebank, die uns zu einer letzten Pause einlädt. Danach gehen wir weiter geradeaus, parallel zum Waldrand (nicht rechts hochsteigen!), durch einen herrlichen Buchenwald zurück zur Landesgrenze. Beim Grenzstein 105 von 1771 erreichen wir erneut den Rand des Waldes. Die «fehlenden» Steine 30–104 stehen rund um den Rodersdorfer Zipfel (siehe Wanderung 10). Die Grenze biegt hier rechtwinklig ab zur Strasse hinunter. Wir aber verlassen hier für heute die Landesgrenze und bummeln auf dem breiten Weg geradeaus am Waldrand entlang zurück nach Rodersdorf. Bei der Strasse halten wir uns links, überqueren diese und folgen der Wegmarkierung bis zur Haltestelle «Rodersdorf Station».

Wappen am Schloss Biederthal

Im Rodersdorfer Zipfel

Rundwanderung mit mächtigen Bäumen,
schönem Wald und einer zauberhaften Lichtung

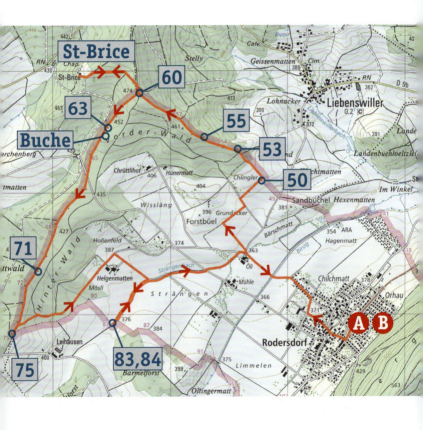

An- und Rückreise: Tram 10 Basel SBB bis Rodersdorf (Endstation)

Distanz: 12.5 km, ↑210 m ↓210 m

Dauer: ca. 4 h

Karte: LK 1:25 000, Blatt 1066 Rodersdorf

Bemerkungen: Nach längeren Regenperioden ist der Weg sehr schlammig und nicht zu empfehlen.

Einkehren: Rodersdorf Bahnhof, St-Brice (Mi–So)

Rodersdorf im «Zipfel»

Unsere Wanderung beginnt bei der Tramendstation Rodersdorf. Die Gemeinde ragt weit ins französische Nachbarland hinein. 88 % der Gemeindegrenze ist gleichzeitig die Landesgrenze zu Frankreich. Bis zum Dreissigjährigen Krieg (1618–1648) bildete Rodersdorf mit den angrenzenden Gemeinden Biederthal und Liebenswiller ein Kirchspiel, d. h. einen Pfarrbezirk, politisch waren die Dörfer seit 1168 habsburgisch. Im 15. Jahrhundert übernahmen die Herren von Rotberg die Herrschaft. 1515 verkauften sie Rodersdorf an den Kanton Solothurn. 1648 wurden Biederthal und Liebenswiller französisch, Rodersdorf blieb solothurnisch. Trotz der exponierten Lage und aller kriegerischen Wirren danach blieb es beim Kanton Solothurn und damit in der Schweiz. Seit 1910 ist die Gemeinde mit Basel ÖV-technisch verbunden.

Anmarsch zum ersten Grenzstein

Vor dem ehemaligen Bahnhofsgebäude, nun ein Restaurant, vorbei und geradeaus bis zu den Wanderschildern an der Strasse. Vorbei an

Im Rodersdorfer Zipfel

einem grossen Brunnen mit den zwei Fischen aus dem Wappen von Rodersdorf. Wir folgen dem rotgelb markierten Weg der «Solothurner Waldwanderung» nach rechts, an der Kirche und am orangeroten Schulhaus vorbei, auf der Grossbühlstrasse, bald nach links auf der Oltingerstrasse, überqueren ein Bächlein, den Birsig, und gelangen zum Oelehof. Gleich danach überqueren wir ein weiteres Bächlein, den Strängelbach, gehen ein paar Schritte nach rechts, um dann links in einen Feldweg in Richtung der Antenne hinaufzusteigen, dem Wald

Schief in die Weite

entgegen. Wir biegen bei der nächsten Gelegenheit rechts ab und kommen auf einen asphaltierten Weg. Diesem folgen wir links hinauf, dann – nach ca. 80 m – gleich wieder rechts in einen Feldweg, direkt vor einem grossen Nussbaum.

Zu den ersten Grenzsteinen und hinein in den Zipfel von Rodersdorf

Der Weg führt uns zur Landesgrenze und zum Grenzstein 50, und gleich danach zur etwas schiefen Nummer 51 (kann gut versteckt im hohen Gras sein). Die beiden Steine markieren einen zackigen Grenzverlauf. Solche «Grenzzacken» treffen wir auf fast allen Grenzwanderungen an, auf dieser Wanderung sind sie in allen Grössen besonders zahlreich. Wir folgen dem Weg nach links hinauf und in den Wald hinein. Rechts taucht das elsässische Dörfchen Liebenswiller auf. Wir begrüssen einen Stein etwas abseits des Pfades, die alte, schiefe Nummer 52. Er trägt gleichzeitig die Nummer 90, eine alte Nummerierung, die gegenläufig zur heutigen war. Die gültige Nummerierung ist (in unserer Wanderrichtung) aufsteigend und oft rot

Mit dem Trämli über die Grenze

Seit 1910 fährt das Tram 10 (früher die Birsigtalbahn) von Basel nach Rodersdorf ca. 3 km durch Frankreich. Zu Beginn der Corona-Pandemie war die Haltestelle Leymen mehrere Wochen geschlossen, was die Grenze wieder richtig ins Bewusstsein rückte. Der grenzüberschreitende Tramverkehr hat in der Region Basel Tradition. 1919 bis 1939 fuhr ein BVB-Tram über den Lysbüchel bis zum Friedhof in Saint-Louis. Diese Linie wurde nach dem Zweiten Weltkrieg auf französischer Seite noch bis 1957 bis zur Grenze mit alten ausrangierten BVB-Trämli betrieben, dann wurden die Geleise demontiert. Kürzlich wurde die Linie von Basel nach Saint-Louis (jetzt zum Bahnhof) wieder eingeweiht – mit neu verlegten Geleisen! Ähnliche Tram-Geschichten gibt es über die Grenze zu Deutschland zu erzählen.

Mehrfach umgearbeiteter Stein

nachgezeichnet wie bei Stein 53. Der Pfad geradeaus und die grünen Rauten (eine Markierung des Grenz-Kultur-Wegs Rodersdorf) führen uns zu den nächsten Steinen, den Nummern 54 bis 57. Es fällt auf, dass die neueren Steine statt des Solothurner Wappens ein Schweizer Kreuz tragen.

Stein 55 mit roter Jahreszahl 1817 ist ein Beispiel für die Neudatierung eines Grenzsteines. Der Stein trägt noch sein «Geburtsjahr», zwischen 1740 und 1749. Die letzte Ziffer ist leider abgeschlagen. Die französische Seite zeigt, dass «nichts in Stein gemeisselt ist». Die Insignien der alten Herrscher und politischen Verhältnisse wurden mehrfach herausgeschlagen, so dass das «F» heute in einer kleinen Höhle steht.

Wir gehen weiter hinein in den Wald und hinauf. Hie und da und immer wieder ist der Weg schlammig. Wir sind im Leimental. Der Name leitet sich von Lehm ab und verweist auf den lehmhaltigen Untergrund. Dieser Boden gibt den Steinen und uns oft zu wenig Halt. Erstere stehen schief, versinken erstaunlich schnell (Beispiel Zwischenstein 59.1) und letztere – die Grenzwandernden – müssen Umwege und Randwege um den Morast herum suchen. Bei Stein 57 biegt der offizielle Weg rechts Richtung Frankreich ab. Wir aber folgen dem Pfad zwischen den Grenzsteinen. Die Kerben (Weisung) auf

Nach St-Brice gehts da lang

Schönes altes Handwerk

den Oberseiten der Steine orientieren zuverlässig.

Abstecher nach St-Brice

Beim Landesgrenzstein 60 erreichen wir die nördlichste Spitze des Rodersdorfer Zipfels. Auf einem Schild der Solothurner Waldwanderung ist von Hand die Abzweigung nach St-Brice markiert. Wir empfehlen diesen kurzen Abstecher in die zauberhafte Lichtung im Britzkiwald. In fünf Minuten erreichen wir über den Weg, der markiert ist als «Le Sentier des Grands Arbres d'Oltingue» (links halten, der weissgrünen Markierung am Baum folgen) auf einer Waldlichtung St-Brice. Ein paar Schritte über die Grenze und schon ist alles nur noch in französischer Sprache. Zur Stärkung finden wir hier in guten Zeiten eine kleine Auberge und für alle Zeiten eine kleine Kapelle. St-Brice wurde früher vor allem bei körperlichen Leiden aufgesucht. Der Barockaltar bezaubert mit leuchtenden Farben. Wer solche Farbenpracht auf den Grenzsteinen vermisst, findet hier einen guten Ausgleich, eine

Kapelle St-Brice

nährende Augenweide. Die Moose und Flechten auf den Gesteinsoberflächen sind weitaus zurückhaltender mit ihren erdigen Farben.

Zauberhafter Winterwald

Den Zipfel zurück nach Rodersdorf

Von St-Brice gehen wir den gleichen Weg zurück zum Stein **60** und folgen dem Pfad abwärts. Die schlammigen Wegabschnitte häufen sich hier, dauern aber nicht ewig. Nach Stein **63** bewundern wir die mächtigste Buche des Kantons Solothurn. Wir stehen unter dem Baum und schauen rund 40 Meter hinauf in die Krone.

Weiter geht es vorbei an den Steinen **64–70**. Der Stein **71** wird mit einem Eisenband zusammengehalten. Solche Reparaturen sind eher selten zu beobachten (vielleicht ein «Verwandter» des Grenzsteins BL

Im Rodersdorfer Zipfel

104 im Benkenspitz, Wanderung 7). Meist wurden beschädigte Steine ersetzt. Nach dem Stein 71 gabelt sich der Weg.

Der linke Pfad ist besser begehbar (weniger schlammig). Wir geniessen den Wald und die vielen Vogelstimmen. Nach dem Stein 74 biegt der Wanderweg nach links ab. Wir machen noch einen Abstecher zum letzten Grenzstein dieser Wanderung. Wir folgen dem Pfad weiter geradeaus zum Stein 75, dem westlichsten Punkt des Rodersdorfer Zipfels. Die meisten Grenzsteine auf diesem Grenzabschnitt – wie die Nummern 73 und 74 – sind im Vergleich zu anderen Landesgrenzsteinen in anderen Gegenden fast

Gut verschraubte 71

Die Buche an der Grenze

Zwischen den Grenzsteinen 63 und 64, wenige Meter innerhalb der schweizerischen Grenze, lebt eine mächtige Buche. Aussergewöhnlich ist der lange astfreie Stamm. Sie ist um die 180 Jahre alt. Als junger Baum hat sie den Wechsel des Elsass von Frankreich zu Deutschland (1870), dann wieder zu Frankreich (1918), zurück zu Deutschland (1940) und als mächtiger Baum wieder zu Frankreich (1945) erlebt. In den beiden Weltkriegen hat sie als Beobachtungsposten der Schweizer Armee gedient. Rodersdorfer*innen verteidigten im Zweiten Weltkrieg die Buche gegen eine Fällaktion der deutschen Wehrmacht. Markierte Grenzbäume sind mit ihren Wurzeln und ihrer Standhaftigkeit an vielen Orten Vorläufer der Grenzsteine.

durchgehend ausgesprochen grosse, mächtige Steine. Die älteren Steine, wie die Nummer 75, vor der wir jetzt stehen, wirken auf uns trotz ihrer Grösse irgendwie elegant. Hier macht die Grenze eine Spitzkehre im Winkel von ca. 30 Grad: Wie eine scharfe Lanzenspitze sieht die Weisung auf dem Stein aus.

Das spitze Ende des Zipfels

Die Grenze folgt nun dem Waldrand zurück Richtung Rodersdorf. Es gibt hier keinen Weg, der den Steinen folgt. Die Grenzsteine am Waldrand sind (in der vegetationsarmen Jahreszeit) gut zu sehen von hier. Im Winter kann man den Steinen folgen, direkt am Waldrand entlang. Die Nummer 76 ist noch ein alter Stein, danach kommen neuere Steine aus Granit.

Heute steht das Gras hoch, weshalb wir zur Abzweigung zurückgehen und in den zuvor erwähnten Pfad nach rechts abbiegen. Bald kommen wir wieder auf den Weg der «Solothurner Waldwanderung». Wir folgen dem Wanderweg, vorbei am «Sunnehof», rechts ab bis zum Strängelbach hinunter. Wer noch nicht allzu müde ist, kann hier noch mit einem kleinen Abstecher die Steine 83 und 84 erreichen. Einfach dem Bach nach rechts folgen bis zur Grenze, dort auf die andere Uferseite wechseln und zurücklaufen.

Wer für heute genug Steine gesehen hat, kann direkt zurück nach Rodersdorf. Um dem Asphalt noch eine Weile zu entgehen, wechseln wir auf die andere Seite des Bachs (ein paar Schritte nach rechts, dann kommt ein Übergang). Wir gehen nach links und bummeln dem Bächlein entlang. Bei der zweiten Brücke wechseln wir

Im Rodersdorfer Zipfel

Unerwartetes Hindernis

ans linke Ufer. Schliesslich kommen wir auf ein Asphaltsträsschen, dem wir nach rechts folgen. Beim Oelehof schliesst sich die Rundwanderung und bald sind wir zurück im Dorfzentrum von Rodersdorf. Im sympathischen Dorfladen erstehen wir ein paar Leckereien fürs Abendessen, bevor das Tram uns zurück in die Stadt bringt.

Vom Leimental ins Tal der Lucelle

Gratwanderung über zwei Gipfel von Burg i.L. nach Kleinlützel Chlösterli

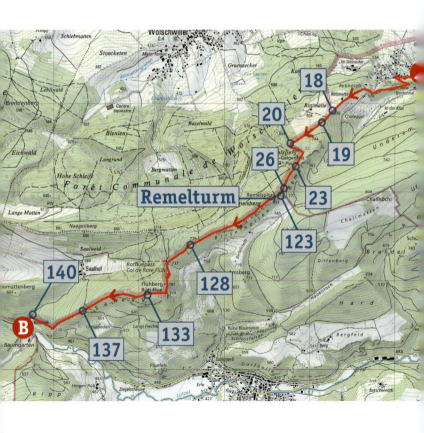

Anreise: Ab Basel SBB Tram 10 Richtung Flüh/Rodersdorf bis Haltestelle «Flüh Bahnhof»; Bus 69 Richtung Burg i.L. (Endstation)

Distanz: 7 km , ↑425 m ↓445 m

Dauer: 3 h

Karte: LK 1:25 000, Blatt 1066 Rodersdorf

Rückreise: Bus 112 ab Chlösterli nach Kleinlützel Garage, (manchmal mit Umsteigen) weiter nach Laufen Bahnhof, S-Bahn nach Basel SBB.

Achtung: Der Bus ab Chlösterli fährt nur selten (Fahrplan konsultieren). Wer ihn gerade verpasst hat, kann auch nach Kleinlützel laufen (3,5 km, ca. 1 Std., ausgeschildert). Dort fährt der Bus halbstündlich.

Bemerkungen: Wir empfehlen Wanderstöcke und gutes Schuhwerk, vor allem für den letzten Teil der Wanderung, den Abstieg nach Chlösterli. Nach starkem Regen kann dieses Wegstück sehr rutschig sein.

Einkehren: Keine Einkehrmöglichkeiten unterwegs.

Hinauf zur Burg und zum ersten Bären

Von der Bushaltestelle aus folgen wir dem ausgeschilderten Weg nach Kleinlützel. Hoch über uns auf einem Felssporn thront das «Schloss Burg». Am Dorfplatz biegen wir beim Brunnen links ab und steigen hinauf zum Schloss. Im Gegensatz zu vielen anderen Burgen in der Region war es immer bewohnt und ist es auch heute noch: Es ist in Privatbesitz und beherbergt vier Mietwohnungen – ein wirklich aussergewöhnlicher Wohnort! Wir gehen durchs Burgtor und stehen auf einem kleinen Platz. Hinter dem Platz führt uns ein Pfad nach rechts über den Grat und bald treffen wir auf ein Strässchen, dem wir bergauf folgen. Hier lohnt sich ein Abstecher nach rechts bis zu einer Ruhebank, die einen schönen Blick zurück nach Basel eröffnet.

Ganz oben am Ende des Strässchens steht rechts eine weitläufige Flachdachvilla, einst der Altersruhesitz von Albert Hofmann, Naturwissenschaftler und Philosoph, als Entdecker des LSD weltbekannt. Er wurde hier 102 Jahre alt. Links des Weges sehen wir einen alten Herrschaftsstein, der schon stark verwittert ist. Bald danach winkt uns vom Waldrand ein rotes, etwas in die Jahre

Grenzstein in der Rittimatte

gekommenes Bänkli mit einer Gedenktafel an Albert Hofmann. Hinter einer benachbarten Bank versteckt finden wir den Landesgrenzstein 18. Was macht der Berner Bär hier auf dem Stein? Das Dorf Burg im Leimental kam auf Beschluss des Wiener Kongresses von 1816 zum Kanton Bern. Wir werden dem Berner Bären noch auf vielen Grenzsteinen begegnen. Erst 1994 wechselte Burg zusammen mit dem Laufental zum Kanton Baselland. Der Bär durfte bleiben! Wir geniessen den Ausblick weit ins Sundgau hinein. In der Ferne erkennen wir das Kirchlein von St. Martin im Felde, einer der vielen mythischen Orte in der Region.

Hoffmann-Bänkli mit Grenzstein

Ab jetzt immer den Steinen nach

Nun beginnt ein bezaubernder Grenzpfad auf Waldteppichboden, der uns vom Leimental hinüber ins Tal der Lucelle bringen wird. Der Weg steigt beständig sanft an und führt uns nach einem Zwischenstein zum Grenzstein 19 von 1947. Er macht einen «militärischen», strengen Eindruck – ein abgeschrägter Quader. Wir befinden uns hier an einem Grenzabschnitt, der vor allem im Ersten Weltkrieg militärisch wichtig war. Der Graben, der sich links des Wanderweges hinzieht, ist ein Zeuge dieser Zeit. Nach zwei weiteren Steinen erreichen wir den eleganten, schlanken Grenzstein 20. Die Weisung auf dem Stein zeigt einen scharfen Knick der Landesgrenze. Linker Hand sehen wir eine Art rot-weissen Galgen. Die Konstruktion erinnert an den Namen dieses Felsens, «Galgenfels».

Der Stein 21 steht abseits des Weges, an der Nummer 22 kommen wir wieder direkt vorbei. Hier wird ein namenloses Naturschutzgebiet ausgeschildert. Wir gehen rechts und sehen bald rechter Hand den Stein 23, ein schöner Kalkstein von 1783. Frankreich wird hier nicht wie sonst üblich mit «F» markiert, sondern – gross und rot – mit «RF» für Répub-

Auf der Bank an der Rittimatte

Albert Hofmann lebte mit seiner Familie seit 1968 in Burg. Als Chemiker erforschte er bei Sandoz die Wirkstoffe von Mutterkorn. Er wurde durch die Entdeckung des LSD, einem bewusstseinsverändernden Wirkstoff, weltbekannt. Sitzt man auf dieser Bank an der Rittimatte, sieht in die Grenzenlosigkeit des Himmels über dem französisch-schweizerischen Leimental hinein und in den nahen Wald, dann spürt man vielleicht etwas von dem, was Albert Hofmann bis ins hohe Alter, als Naturstoffchemiker und Philosoph, immer wieder bezeugte: «Ich glaube an die geheimnisvolle schöpferische Kraft, die hinter unserem Dasein und dem Universum steht.» Das war für ihn so klar wie der solide Grenzstein Nummer 18, der hier steht.

Wege verbinden Nachbarn

Grenzmarkierung einmal anders

lique Française, die Schweizerseite ist mit «CS» bezeichnet; nein, weder Crédit Suisse noch die ehemalige Tschechoslowakei, sondern die Confédération Suisse ist gemeint. Es gibt in der Nordwestschweiz nicht viele Grenzsteine mit diesem Kürzel.

Wir kommen vorbei an den Steinen 24 und 25, gross und schlank mit Berner Bären. Dann die Nummer 26: breit steht er da, mitten auf dem Weg, wir sehen ihn schon von Weitem. Auf silbrigem Grund drei Kugeln, das Wappen der Herren von Wessenberg, einer Adelsfamilie, die rund 400 Jahre die Herrschaft in Burg innehatte. Aus diesem Familienwappen wurde 1946 das offizielle Wappen von Burg im Leimental.

Zum höchsten Punkt der Wanderung

Der nächste Grenzstein überrascht mit der Nummer 123. Was ist hier passiert? Wir haben die Kantonsgrenze zwischen Baselland und Solothurn überschritten. Die Solothurner Nummerierung der Grenzsteine, die in Metzerlen mit der Nummer 122 aufhört, wird hier wieder aufgenommen. Weiter geht es bergauf,

Aussichtsreicher Standort

dann erreichen wir den Remelspitz, den höchsten Punkt der Wanderung mit 823 m. Der Remelturm wurde 1901 als Vermessungsturm der Landesvermessung gebaut und diente auch der Sichtverbindung zur Chrischona (Wanderung 4). Als militärischer Beobachtungsposten im Ersten Weltkrieg ist er bekannt geworden und erinnert an die Grenzbesetzung von 1914–1918. Wer die Leiter des 8 m hohen Remelturms nicht scheut, kann an klaren Tagen eine wunderbare Aussicht in die Alpen geniessen.

Nun folgt ein Wegstück mit so vielen Grenzsteinen, dass einem fast schwindlig werden könnte. Die Grenze hat hier einen merkwürdigen Verlauf: sie folgt nicht – wie üblich – der Geländeform, d. h. direkt dem Grat, sondern weicht immer wieder etwas von diesem ab. Zwischen den Hauptgrenzsteinen 123 und 124 stehen allein zehn Zwischensteine! Nach dem Stein 124 können wir links auf einem Felsvorsprung zwei kleine Platten aus Bronze entdecken: auch sie markieren die Landesgrenze.

Grenzmarkierung in den Felsen

Wir folgen dem Pfad entlang des Kamms. Schwindelfreie freuen sich über die Aussicht. Zahlreiche kleine Zwischensteine folgen, von denen einige jedoch spektakuläre Standorte haben: sie sitzen zuäusserst auf den Felsnasen des Grates. Sie verbinden die ehrwürdigen Steine 125–128. Diese tragen alle ein doppelt umrandetes Solothurner Wappen. Ein elegantes weisses «F» in einem Oval schmückt den Stein 128. Die alte, zweistellige Nummerierung ist auf allen Hauptsteinen zu sehen. Früher begann die Grenzsteinnummerierung im Tal der Lützel beim Chlösterli und verlief in entgegengesetzter Richtung.

Über den Flühberg hinunter ins Lützeltal

Beim Grenzstein 129 erreichen wir den Col de Rote Flüh, den Rotfluepass. Nach einem kurzen, steilen Aufstieg auf den Flühberg, die Roti Flue, stossen wir auf den Grenzstein 131 und bald darauf auf einen Picknickplatz mit Grillstelle.
Von jetzt an geht es auf dem weichen Waldboden sanft bergab. Wir orientieren uns an den gelben Rauten und halten uns links. Beim Stein

Grenzsteinhumor

Auf dem Remel wimmelt es von Grenzsteinen, viele knapp vor dem Abgrund. Der wäre doch eine günstige und eindeutige natürliche Grenze. Warum dann diese vielen Steine, dieser Arbeitsaufwand, diese Kosten zweier Länder? Wir kommen ins Grübeln, recherchieren, fragen swisstopo, die Autorität in Sachen Landesgrenze. Die Gründe dieses remelschen Begrenzungsaufwandes sind unbekannt. Wir deuten die vielen Steine als Grenzsteinhumor: Schmetterlinge, Vögel, Maulwürfe, Saharastaub, Viren, Ideen und Gedanken sind auch mit einer Fülle von Grenzsteinen nicht aufzuhalten. In dem Sinne sind diese vielen Steine ein Witz, Grenzsteinhumor: Es darf laut gelacht, vielleicht hier oben sogar gejauchzt werden!

Doppelt genäht:
Schweizer Kreuz und «S»

An was erinnert Sie die herunterlaufende rote Farbe am Zwischenstein **137.3**? Wir müssen unwillkürlich an einen Horrorfilm denken! Beim Grenzstein **138** biegt der Weg nach rechts ab. Nun folgt der letzte kurze steile Abstieg. Wir werden von einer grossen Höhle überrascht. Solche Höhlen wurden in alten Zeiten manchmal bewohnt. Allerdings ist über diese Höhle nichts Genaueres bekannt. Zum Abschluss unserer heutigen Wanderung bewundern wir

Wappen der Rinck von Baldenstein

133 queren wir die von rechts kommende Gemeindegrenze von Wolschwiller/Kiffis. Ein alter Gemeindegrenzstein steht unbeschriftet rechts des Pfades. Auf dem Grenzstein **135** ist sein ursprüngliches Geburtsdatum für einmal noch gut lesbar: 1771. Später wurde er neu auf 1817 datiert, was so viel bedeutet wie «Dieser Stein gilt weiterhin». Stein **137** trägt ein Vierfelderwappen, mit leider nur noch drei unbeschädigten Feldern. Er stammt von 1761 und zeigt das Wappen des damaligen Fürstbischofs von Basel, Joseph Wilhelm Rinck von Baldenstein. Es ist der einzige noch erhaltene Bischofsstein auf dieser Wanderung.

Vom Leimental ins Tal der Lucelle

Aufrecht im steilen Gelände

noch den Grenzstein 140 von 1771 (gleichzeitig die Nummer 2 der alten Richtung). Ein Prachtexemplar!
Wer noch Zeit hat bis zur Abfahrt des Busses, kann hinunter Richtung Lützelbach gehen und dort den Grenzstein mit der Doppelnummer 141 (SO) und 27 (BL) betrachten: Hoppla, schon sind wir wieder im Kanton Baselland!

Grenzschlängeln im Tal der Lucelle

Von Kleinlützel nach Lucelle – Abwechslungsreiche Wanderung mal weit oben auf dem elsässischen Blauenberg, mal unten im schattigen Flusstal, dazwischen auf der Löwenburg

Anreise: Ab Bahnhof SBB S3 bis Laufen, dann Bus 112 Richtung Roggenburg bis Haltestelle «Kleinlützel Chlösterli»

Distanz: 17 km, ↑630 m ↓480 m

Dauer: 5 h 30 min

Karten: LK 1:25 000, Blatt 1066 Rodersdorf und 1086 Delémont

Rückreise: Ab Lucelle Douane Bus 12 bis Delémont Gare, Zug oder S-Bahn nach Basel

Bemerkungen: Die Strasse nach Lucelle ist eine beliebte Motorrad-Strecke. An schönen und warmen Wochenenden ist mit Motorenlärm zu rechnen.

Achtung: Der Bus von Lucelle nach Delémont fährt nur zweimal am Nachmittag. Die Abfahrzeiten sind an Sonntagen und Werktagen unterschiedlich!

Variante: Die Wanderungen kann auch in 2 Etappen aufgeteilt werden: bis/ab Neumühle oder als Zweitageswanderung mit Übernachtung im Hotel-Restaurant Neumühle.

Einkehren: Neumühle, Lucelle

Aufstieg zum Saalhof

Die Bushaltestelle «Chlösterli» liegt 3 km ausserhalb von Kleinlützel. Vom ehemaligen Frauenkloster existiert nur noch die Kapelle (die leider abgeschlossen ist). Die Landesgrenze folgt ab hier dem Flüsschen Lützel. Da es auf dem ersten Stück nur die Strasse und keinen Wanderweg gibt, auch keine Grenzsteine, schlängeln wir ein wenig nach Frankreich hinüber. Nach dem Bauernhof steigen wir einen Fahrweg hinauf Richtung Saalhof (mit französischer Wegmarkierung). Gleich rechts des Weges am Waldrand begegnen wir der ersten Grenzsteinpersönlichkeit mit einer beachtenswerten Rückseite: Ein Solothurner Wappen mit der alten Nummer 2. Die ehemalige Nummerierung begann unten an der Lützel. Heute geht es umgekehrt, es gilt die 140. Wir gehen den Weg weiter hinauf. Nach etwa 20 Minuten sind wir im Weiler Saalhof. Am Ende des Weilers halten wir uns halb links, steigen auf einem Feldweg sanft durch die Juraweiden aufwärts. Im Frühling blühen hier wilde Narzissen.

Wir kommen in den Wald und überqueren bald danach eine Strasse. Auf der anderen Strassenseite führt uns ein Pfad (ohne Markierung)

Hoch über dem Lützeltal

direkt an die Grenze: keine Landesgrenze, sondern diejenige zwischen den Gemeinden Kiffis (die wir eben durchwanderten) und Lutter. Eine Gemeindegrenze mit aussergewöhnlich vielen nummerierten Gemeindegrenzsteinen. Wir halten uns links und folgen dem Gemeindegrenzpfad. Bald überqueren wir einen Parkplatz und halten uns halb rechts. Das Wanderschild nach Blochmont und Ferrette zeigt, dass wir hier richtig sind. Ein gelbes «x» markiert ab hier unseren Weg.

Hinauf zum Elsass-Blauenberg

Auf dem Elsässer Blauen

Wir steigen auf den Bergrücken hinauf, den Blauenberg. Man mag die vielen Gemeindegrenzsteine, die jetzt folgen, eintönig finden. Wer sie aber vergleicht, ihre schiefen Lagen nach vorne, hinten, nach links und rechts, auch einige aufrechte, ihren Bewuchs, ihre rot nachgezeichneten Nummern, bekommt vielleicht ein «Auge» für die feinen, manchmal lustigen Unterschiede. Wir Grenzsteinliebhaber*innen schärfen unsere Beobachtungsgabe und entdecken die Inspirationskraft dieser Steine. Auf nicht wenigen liegen Steine und Steinchen als Zeichen, dass hier schon andere Besucher*innen waren und sich inspirieren liessen!

Wir flanieren auf dem wunderschönen Gratweg. Bei der Abzweigung nach Kiffis gehen wir weiter geradeaus Richtung Blochmont. Wir bleiben auf dem Kamm. Bei Gemeindegrenzstein Nummer 6 biegt der Pfad nach links ab, wir aber gehen geradeaus weiter, direkt und steil hinunter auf die Strasse, die von Kiffis nach Ferrette führt. Wir überqueren diese und folgen dem jetzt mit einer gelben Raute markierten Pfad hinunter. Ein schöner Pfad! Unerwartet sehen wir rechts einen kleinen, al-

Gemeindegrenze Kiffis-Lutter

ten «Grenzstein» mit der Nummer 1. Es folgen ab und zu weitere Steine. Wir wissen nicht, was diese Steine einst markierten. Parallel unseres Pfades liegen Gräben, Erinnerungen an den Ersten Weltkrieg. Bei der nächsten Verzweigung halten wir uns rechts, immer der gelben Raute nach. Bald darauf queren wir erneut die Strasse, um dem Pfad weiter abwärts zu folgen. Wir kommen auf die Route Internationale, die der Lützel, ab jetzt Lucelle, entlangführt und sich zwischen der Schweiz und Frankreich hin- und herschlängelt. Wir gehen ein kurzes Stück nach links, um bei der nächsten Gelegenheit die Strasse und das Flüsschen zu überqueren.

Gemeindegrenzsteine in allen Lagen

Entlang der Lützel

Was auf französischer Seite «Moulin Jean» heisst, ist jetzt die «Sägemühle»: Wir sind an einer Sprachgrenze angekommen. Ein Zollschild, ein «Willkommen im Baselland» und ein Berner Bär an einem Haus erinnern an die bewegte Grenz-Geschichte dieses Weilers, der zur Gemeinde Roggenburg gehört: einst im Fürstbistum Basel, dann kurz in Frankreich (1793–1815), danach im Kanton Bern und ab 1994 im Baselland.

Wir folgen ein Stück der Strasse nach Roggenburg. Nach dem letzten Haus, vor dem Hydranten, biegen wir rechts ab auf einen nicht ausgeschilderten Feldweg, hinter einem Bauernhof vorbei. Bald sind wir auf einem Pfad entlang der Lützel, die von der Ortschaft Lucelle durch den Jura nach Osten fliesst, bis sie knapp oberhalb von Laufen in die Birs mündet. Von Lucelle bis Kleinlützel Chlösterli bildet die Lützel eine natürliche Grenze zwischen der Schweiz und Frankreich. Grenzsteine sind hier unnötig.

Wir folgen dem Pfad parallel der Lützel, eine bezaubernde fliessende Grenze, zuerst durchs Gras, dann in den Wald hinein. Bald überschreiten wir die unsichtbare (nicht markierte) Grenze in den Kanton Jura und kommen zur «Neumühle». Die Kantonsgrenze folgt dem kleinen Bach, dem Bösebach, der von Ederswiler her kommt und geht hier mitten durch den Weiler. Das romantische Hotel und Bio-Restaurant Neumühle, das sich für eine Pause anbietet (Spezialität sind frische Forellen), gehört bereits zum Kanton Jura. Wer die Wanderung in zwei Etappen macht, ist hier am Ziel der ersten angekommen.

Hoppla, wieder in Baselland

Gefühle in dieser Jura-Grenzlandschaft

Auf dieser Wanderung sind wir kaum 20 km von der Stadt Basel entfernt und doch kommt das Gefühl auf, dass wir hier sehr weit weg von allem sind. Ist es Freiheit oder doch eher Einsamkeit? Vielleicht empfinden wir auch etwas von der Melancholie, wie sie in der Krimiserie «Wilder» inszeniert wurde: Kommissarin Rosa Wilder kurvt durch abgelegene Juradörfer. Schwer zu sagen. Dunkle Wälder, schroffe Felsen, wilde Bäche. Die menschenleere Juralandschaft verzaubert uns mit ihrer geheimnisvollen Atmosphäre und bedrückt hie und da mit einem Gefühl von Verlorenheit.

Pestwurz am Wegesrand

Hinauf zur Burg der Löwen und wieder hinunter

Nach einer kleinen Stärkung schlängeln wir nun ein Stück durch die Schweiz. Zwischen zwei Fischteichen hindurch geht es weiter. Wir folgen dem Fahrweg, bis ein Wanderschild uns links hinauf den Weg zur Löwenburg weist.

Nach einem kurzen Aufstieg öffnet sich die Landschaft und wir sehen links oben die Ruine des ehemaligen «Château de Löwenburg». Bald tauchen die historischen Gebäude des Hofguts Löwenburg vor uns auf, davor ein grosser Schweinestall aus jüngster Zeit. In schwierigen Zeiten ein Zufluchtsort der Mönche aus Lucelle, heute ein moderner Bio-Landwirtschaftsbetrieb der Basler Christoph Merian Stiftung. Der

Name leitet sich vom Löwen im Wappen der Sundgauer Adelsfamilie ab, die im 12. Jahrhundert hier residierte. Der Besuch des kleinen Museums lohnt sich für historisch Interessierte.

Von hier aus folgen wir dem markierten Wanderweg Richtung Lucelle. Er steigt zuerst noch ein wenig weiter durchs offene Gelände und führt dann links zum Waldrand hinauf. Wer Schatten sucht, ist dort gut bedient. Wir aber gehen weiter geradeaus, durch die Felder und treffen nach zehn Minuten wieder mit dem offiziellen Wanderweg zusammen. Diesem folgen wir nach rechts, über eine Wiese in den Wald hinein und bald an einem munteren Bächlein entlang wieder hinunter ins Tal. Kurz vor dem Talboden führt der markierte Wanderweg links hinauf und oberhalb der Lucelle durch den Wald. Unser Weg ist keiner, der sanft dem Flüsschen entlangführt: Ein munteres Auf und Ab beginnt.

Achtung: Hier gehts rechts

Unterwegs zur Löwenburg

Bald geht es rechts ab auf einen Pfad, der – je nach Jahreszeit – etwas zugewachsen sein kann. Der Pfad schlängelt sich durch den Wald und über Lichtungen. Wir geniessen das Rauschen und Plätschern des Wassers, pflücken hie und da Walderd- und Himbeeren, und freuen uns über das Vogelgezwitscher. Das tief eingeschnittene Tal der Lucelle verläuft westwärts und ist trotz seiner Enge und der vielen Bäume an schönen Tagen am Nachmittag sehr sonnig.

Zum alten Kloster Lucelle, Luciscella, der «Zelle des Lichts»

Nach einem letzten Anstieg kommen wir nach Lucelle hinunter und erfreuen uns an diesem «grenzsteinarmen» Wandertag, noch im Wald, rechts des Weges, über zwei schöne Landesgrenzsteine. Die Nummer **30A** mit dem «CS» für Confédération Suisse von 1890, ein Stück weiter

Route Internationale im Lützeltal

Versteckt im Unterholz

die Nummer 31 von 1817 mit einem Berner Bären. Im Gegensatz zu den Franzosen, die bei Machtwechseln ihre alten Wappen herausmeisseln liessen und mit «F» oder «RF» ersetzten, liess der Kanton Jura nach der Trennung von Bern den Bären weiterleben!

Bald danach überqueren wir die Lucelle, steigen links eine Treppe hinauf zum Etang de Lucelle. Wir empfehlen einen Bummel durch Lucelle. Die Klosteranlage wurde 1789 nach der Französischen Revolution mit all ihren Gütern zu nationalem Eigentum erklärt und an Private verkauft. Anstelle des Klosters wurde ein Eisenwerk gebaut. Auf einem Brunnen und an zwei Ruhebänken ist der Schriftzug «Usine de Lucelle» zu finden. Die wilde und brutale Umbruchsgeschichte ist im Wikipedia-Artikel «Kloster Lützel» zusammengefasst.

Das Restaurant Relais de l'Abbaye und die Minigolfanlage im Klostergarten sind zum Zeitpunkt unserer Begehung (Juli 2021) geschlossen. Die ganze Szenerie wirkt verlassen und ein wenig gespenstisch. Die bizarre Landesgrenze widerspiegelt die Geschichte dieses Ortes und verläuft hier mitten durch die Häuser. Am Strassenrand gegenüber dem Restaurant steht der Grenzstein 32. Wer den Weg hinter den Häusern nach oben steigt, findet noch die Steine 32A und 33, der wieder einen schönen Berner Bären zeigt. Die Postautohaltestelle befindet sich bei der Zollstation Lucelle. Ein Pfad führt entlang des Lac de Lucelle in ein paar Minuten dorthin. Vielleicht lohnt sich das Warten auf das eher spärlich verkehrende Postauto auch im Motel Restaurant Noirval gleich an der Strasse.

Am Grenzübergang in Lucelle

In andere Zeiten eintauchen

In Lucelle hat uns die Atmosphäre vergangener Zeiten besonders berührt. Es gibt Orte und Objekte wie die Grenzsteine, die uns in andere Zeiten versetzen, auch wenn sie nicht die magische Kraft von «Standing Stones» haben. Diana Gabaldon gibt in ihren Büchern und der Fantasy-Serie «Outlander» ein Beispiel: Claire Randall betritt in Schottland 1946 einen mystischen Steinkreis. Sie wird 200 Jahre zurückgeworfen und muss sich nun den völlig veränderten Gegebenheiten anpassen. Dabei helfen ihr ihre Geschichtskenntnisse. Wir versuchen uns vorzustellen, wie das wohl wäre, nach einer Zeitreise im Jahr 1821 hier in Lucelle zu stehen.

Biografien

Claudia Erismann, Geografin und Bibliothekarin, und Werner Aebischer, Grenzgänger und Webseitenautor auf www.meinephilo.ch, seit vielen Jahren gemeinsam auf verschlungenen Pfaden zu Fuss unterwegs, auf der Suche nach schönen Wäldern, Beeren und Pilzen. In den letzten drei Jahren zunehmend auf den Spuren von Grenzen und Grenzsteinen.

Claudia Erismann   Werner Aebischer

Danksagung

Vielen Dank!
Grazie mille!
Merci beaucoup!

Nachdem wir alle Grenzwanderungen mindestens zweimal gemacht und die Wegbeschreibungen dazu verfasst hatten, haben wir Freund*innen gebeten, die Wanderungen zu testen. Wir danken Judith Bucher, Gabi Knümann, Mirjam und Beat Schmidli, Annika und Paul Schubert, und Anka Stark für ihre wertvollen und konstruktiven Rückmeldungen und ihre Geduld bei der Weg- und Grenzsteinsuche mit unseren manchmal unklaren Beschreibungen und Rechts-Links-Verwechslungen.

Ein Dank geht an Alain Wicht von swisstopo, der geduldig unsere Fragen zur Landesgrenzziehung beantwortet hat, uns Tipps zur Nutzung der digitalen Karten gab, und uns mit Olivier Cavaleri vernetzte, der an einem historischen Grenzstein-Buch über die Region Basel arbeitet (als Teil einer Reihe von Büchern, die die ganze Schweizer Grenze abdecken sollen).

Christoph Kunz von der Pestalozzi-Gesellschaft Oberwil versorgte uns mit Hintergrundwissen zur ehemaligen Grenze des Fürstbistums Basel und engagierte sich für die Instandstellung eines Wegstücks entlang der alten Bistumssteine. Vielen Dank.

Der Gemeindeverwaltung Riehen danken wir dafür, dass sie die in die Jahre gekommene Informationstafel im Maienbühl ersetzt hat, sodass die Informationen nun wieder gut lesbar sind für alle Interessierten.

Wir danken Urs Gisler, der uns für das Titelbild seine Kamera ausgeliehen hat, die wesentlich bessere Fotos lieferte als unser handliches Wandermodell.

Und last but not least ... Ein grosses Dankeschön an den Friedrich Reinhardt Verlag, der unsere Idee zu diesem Grenzwanderbüchlein in ein handfestes Resultat verwandelt hat, und speziell an Beatrice Rubin, die unser Projekt begleitet, unser Manuskript wohlwollend und fachlich kompetent gelesen hat und ihm den letzten Schliff gab.

Bildnachweis

Seite 30, Historische Karte der Wiese-Ebene: Staatsarchiv Basel-Stadt, Planarchiv A 1,26

Seite 34, Grenzsteinenthebung: Grundbuch- und Vermessungsamt Basel-Stadt

Seite 45, Grenzstein im Schnee: Mirjam Schmidli

Alle anderen Bilder stammen von Claudia Erismann und Werner Aebischer.